El Ministerio de las Misiones en la Iglesia

Los Bosquejos de la Clase "Misiones en al Iglesia"

Edición del Maestro

Pastor Jeremy Markle

LOS MINISTERIOS
DE
ANDANDO EN LA PALABRA
Pastor Jeremy Markle
www.walkinginthewordministries.net

El Ministerio de las Misiones en la Iglesia

Edición del Maestro

Preparado para la clase "Misiones en al Iglesia"
Colegio Universitario Bautista de Puerto Rico

Publicado por Los Ministerios de Andando en la PALABRA
Walking in the WORD Ministries
www.walkinginthewordministries.net

Impreso en los Estados Unidos.

ISBN: 978-1947430105

El siguiente material fue escrito como notas para la clase
"Misiones en al Iglesia,"
en el Colegio Universitario Bautista de Puerto Rico.
Su propósito es proporcionar instrucción bíblica y práctica
para la filosofía y la práctica del ministerio de misiones de una iglesia local.

Que Dios lo bendiga grandemente
mientras usted y su iglesia participan en la realización de la Gran Comisión.

Pastor Jeremy Markle

INDICE

ILUSTRACIONES GRÁFICAS

LAS CREENCIAS SOBRE LA VIDA MISIONERA

Lo que sus apoyadores
creen que se hace.

Lo que los nacionales
creen que se hace.

Lo que el mundo secular
cree que se hace.

Lo que el misionero
sabe que se hace.

La Guerra Espiritual

Misionero

Vive rodeado por el enemigo
Establecer Oficinas Centrales Nuevas
Hacer Aliados Nuevos
Preparar Oportunidades Nuevas

Tinieblas

Frontera

Iglesia

Contratación
Campamento de Entrenamiento
Planificación de Operaciones
Suministros
Reconocimiento
Descanso y Recuperación

Luz

EL MISIONERO SOLDADO

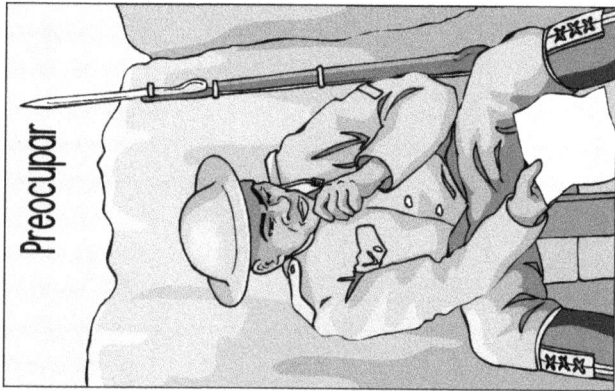

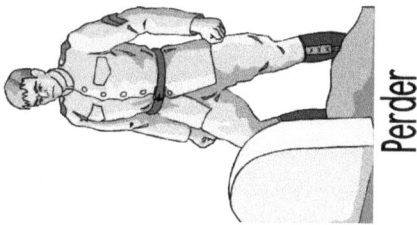

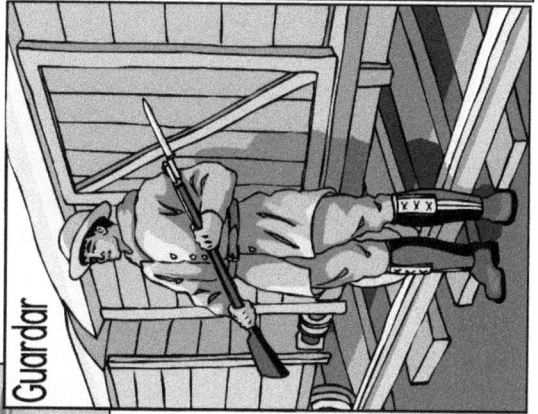

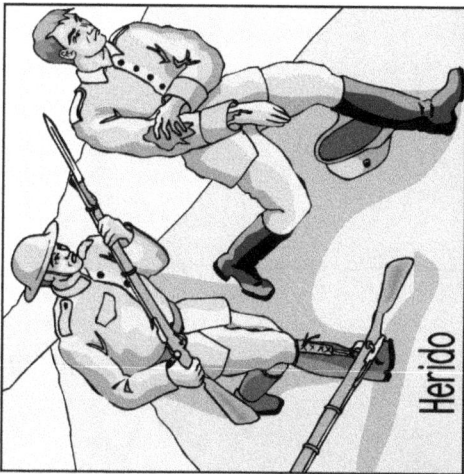

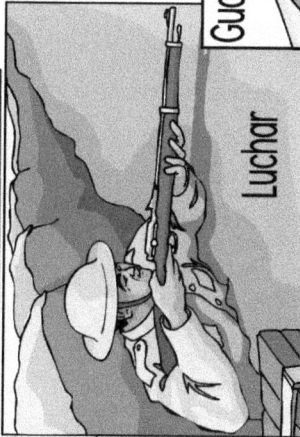

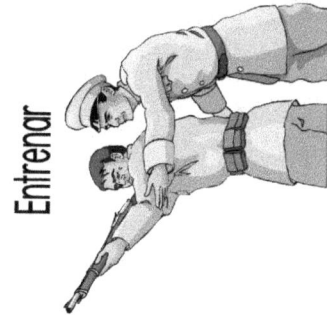

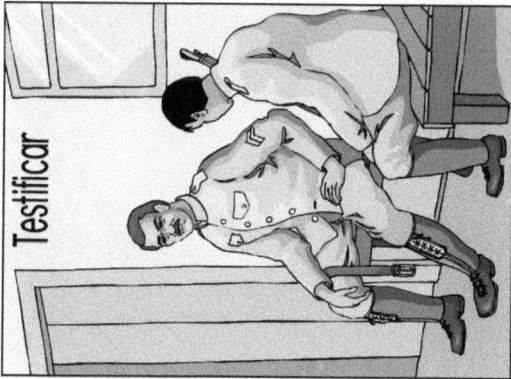

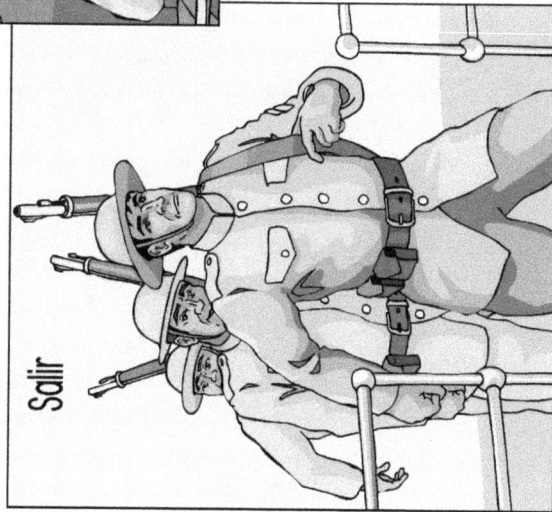

LOS SIGNIFICADOS DE LAS MISIONES

◆ **Misión**
- Indica <u>responsabilidad</u> - "1 Trabajo o encargo que una persona o un grupo tiene la obligación de hacer ..."
- Indica <u>embajador</u> - "2 Encargo o poder que un gobierno le da a una persona, especialmente a un diplomático ..."
- Indica <u>ayudar</u> - "3 Obra o función moral que se tiene que realizar por el bien de alguien ..."
- Indica <u>instrucción</u> - "4 Enseñanza de la religión cristiana a los pueblos que no la conocen ..."
- Indica <u>localidad</u> - "5 Territorio donde se lleva a cabo la enseñanza de la religión cristiana ..."
- Indica <u>residencia</u> - "6 Casa, centro o iglesia donde viven y actúan las personas dedicadas a enseñar la religión cristiana en los territorios donde no se conoce."
  ("Misión." Diccionario Escolar Lengua Española, VOX. Biblograf, S.A.: Barcelona, España, 2000)

☞Las misiones son realizadas cuando los Cristianos aceptan su **responsabilidad** de ser **embajadores** que ofrecen la **ayuda** de Dios al mundo por **enseñar** el evangelio de Dios y hacer discípulos de Jesucristo en **localidades** específicas que no conocen a Jesucristo mientras que tengan **residencia** con aquellos que están tratando de ganar.

Mateo 28:18-20
18 Y Jesús se acercó y les habló diciendo:
Toda potestad me es dada en el cielo y en la tierra.
19 Por tanto, id, y haced discípulos a todas las naciones,
bautizándolos en el nombre del Padre,
y del Hijo, y del Espíritu Santo;
20 enseñándoles que guarden todas las cosas que os he mandado;
y he aquí yo estoy con vosotros todos los días,
hasta el fin del mundo. Amén.

II Corintios 5:20
20 Así que, somos embajadores en nombre de Cristo,
como si Dios rogase por medio de nosotros;
os rogamos en nombre de Cristo: Reconciliaos con Dios.

◆ **Misionero(a)**
- La persona <u>conectada</u> con misiones - "1 de la misión o que tiene relación con esta labor religiosa"
- La persona que <u>enseña</u> el Evangelio y hace discípulos de Jesucristo - "2 Persona dedicada a enseñar la religión cristiana a los pueblos que no la conocen ..."
("Misionero(a)." Diccionario Escolar Lengua Española, VOX. Biblograf, S.A.: Barcelona, España, 2000)

☞El misionero es uno que participa en la realización de **misiones** por dedicarse a **enseñar** el Evangelio y hacer discípulos de Jesucristo de aquellos que todavía no lo conocen a Jesucristo.

Romanos 15:16
16 para ser ministro de Jesucristo a los gentiles,
ministrando el evangelio de Dios,
para que los gentiles le sean ofrenda agradable,
santificada por el Espíritu Santo.

I Timoteo 11:12
12 Doy gracias al que me fortaleció,
a Cristo Jesús nuestro Señor,
porque me tuvo por fiel, poniéndome en el ministerio,

◆ **Ministerio**
- La responsabilidad importante de <u>ayudar</u> - "5 Cargo u oficio propio de una persona, especialmente de quines tienen que realizar trabajos importante y elevados, ..."
("Ministerio." Diccionario Escolar Lengua Española, VOX. Biblograf, S.A.: Barcelona, España, 2000)

☞Por lo tanto, "**El Ministerio de Misiones**" en la iglesia es para proveer a cada creyente la oportunidad de participar en "**La Gran Comisión**" y llevar el Evangelio de Dios alrededor del mundo para **ministrar/ayudar** al **misionero** a cumplir su **ministerio**.

Si el Ministerio de las Misiones en la iglesia
no está ayudando como y cuando el misionero lo necesita,
NO está cumpliendo su propósito.

El Ministerio de las Misiones
no debe estar dirigido por las ideas de la iglesia,
sino por las necesidades actuales del misionero y su ministerio.

"Apóstol"
La Palabra Bíblica de Aquellos Enviados

◆ Los significados bíblicos
- El diccionario de Strong
  - #652 - "delegado; espec. embajador del evangelio; oficialmente comisionado de Cristo"
    ("Apostol." Strong, James. Nueva Concordancia Strong Exhaustiva: Diccionario. Nashville, TN: Caribe, 2002.)
- El diccionario de Vine
  - "apostolos (... 652) es, lit.: uno enviado [apo, de (partitivo); stello, enviar]."
  - "apostole (... 651), enviar, misión. Significa apostolado"
    ("Apostol." Vine, W.E. Vine Diccionario Expositivo de Palabras Del Antiguo Y Del Nuevo Testamento Exhaustivo. Nashville: Editorial Caribe, 1999.)

◆ Los usos bíblicos
- De Jesucristo - Hebreos 3:1
- De los 12 elegido y enviados por Jesucristo - Mateo 10:1-7, Hechos 1:15-26
- De Pablo enviado por Jesucristo - Romanos 1:1, Gálatas 1:1, I Corintios 1:1, 15:8-9
- De Pablo y Bernabé - Hechos 14:4, 14
- De Andrónico y Junias - Romanos 16:7
- De Tito y los hermanos en Cristo de Pablo - II Corintios 8:23 (mensajeros)
- De Epafrodito - Filipenses 2:25 (mensajero)

☞Como los 12 discípulos de Jesucristo fueron **delegados** para ser Sus 12 apóstoles (los apóstoles de Jesucristo) y **enviados** con la **misión** de predicar del Reino de los Cielos (Mateo 10:1-7), también los misioneros hoy en día (los apóstoles de la iglesia) están **delegados** por el Espíritu Santo como ministros especiales para tener una **misión** de predicar el Evangelio y hacer discípulos a través del mundo, y están **enviados** por la iglesia y el Espíritu Santo para realizar la Gran Comisión (Mateo 28:18-20, Hechos 13:1-4, II Corintios 8:23, Filipenses 2:25).

LOS PASAJES CLAVES DE MISIONES

- ♦ **La gran <u>comisión</u>**
  - Mateo 28:19-20 - Hacer discípulos de todas las naciones
  - Marcos 16:15-18 - Predicar el evangelio
  - Lucas 24:45-49 - Predicar y testificar a cerca del nombre de Jesucristo a todas las naciones
  - Juan 20:21-22 - Ir en el lugar de Jesucristo para ofrecer el perdón de pecado (a través de Jesucristo)
  - Hechos 1:8 - Testificar a cerca de Jesucristo en Jerusalén, en toda Judea, en Samaria, y hasta lo último de la tierra

- ♦ **La gran <u>autoridad</u> (por Jesucristo)**
  - Mateo 28:18 - Está enviada con toda la autoridad en los cielos y la tierra
  - John 17:17-18, 20:21-23 - Está enviada por Jesucristo

- ♦ **El gran <u>poder</u>** (por el Espíritu Santo)
  - Juan 16:12-16 - El poder para entendimiento viene por el Espíritu Santo
  - Hechos 1:2, 5, 8 - El poder para obedecer viene por el Espíritu Santo

- ♦ **La gran <u>responsabilidad</u>** (el Evangelio)
  - Mateo 5:11-16 - Ser sal y luz
  - Romanos 10:12-21 - Enviar para proclamar
  - I Corintios 3:6-7 - Sembrar y regar
  - II Corintios 4:1-7 - No desmayar
  - II Corintios 5:17-21 - Ser embajador
  - Filipenses 2:15-16 - Ser luz
  - II Timoteo 2:1-2 - Enseñar a los otros para continuar

- ♦ **La gran <u>oportunidad</u>** (el ministerio)
  - Juan 4:35-38 - Recoger cuando el fruto esté listo en la obra
  - Hechos 13:1-4 - Enviar y ser enviado a la obra
  - Hechos 14:27-28 - Recibir testimonio de las grandes cosas que Dios está haciendo en la obra
  - II Corintios 8-9, Filipenses 2:15-20 - Apoyar a aquellos en la obra

- Efesios 3:7-9, I Timoteo 1:12 - Participar en la obra
- Filipenses 2:25-30, 4:18 - Viajar para participar por un tiempo corto en la obra

◆ **La gran <u>petición</u>**
- Mateo 9:38, Lucas 10:2 - Orar al Señor de la mies que envíe los labradores
- Romanos 15:30-33, I Corintios 1:11, Efesios 6:18-20, Colosenses 4:2-4, I Tesalonicenses 5:24-28, II Tesalonicenses 3:1-7, Hebreos 13:18-19 - Orar por los labradores realizando la obra

LA AUTORIDAD PARA LAS MISIONES

Mateo 28:18
18 Y Jesús se acercó y les habló diciendo:
Toda potestad me es dada en el cielo y en la tierra.

La iglesia debe entender y dedicarse a obedecer
la instrucción de Dios
sobre el ministerio de la misiones.

I.   El programa está establecido por la autoridad de <u>Jesucristo</u>
        *Lucas 1:32-33

II.   El programa está establecido por toda la autoridad en los <u>cielos</u> y la <u>tierra</u>
        *Efesios 1:18-23
        *Filipenses 2:9-11
        *Colosenses 1:12-17

EL PLAN DE DIOS PARA LAS MISIONES

Mateo 28:19-20
19 Por tanto, id, y haced discípulos a todas las naciones,
bautizándolos en el nombre del Padre,
y del Hijo, y del Espíritu Santo;
20 enseñándoles que guarden todas las cosas que os he mandado;
y he aquí yo estoy con vosotros todos los días,
hasta el fin del mundo. Amén.

I.   Ir ... a todas las naciones (19a)
      *La palabra "Ir" es en la forma gramática de participio actual para decir;
      "Mientras que se vaya o mientras que esté en camino"
      *Ir a todas las criaturas (Marcos 16:15)
      A.   Mateo 28:18-20
           1.   A todas las naciones
      B.   Marcos 16:15
           1.   Por todo el mundo
           2.   A todas las criaturas
      C.   Lucas 24:45-49
           1.   En todas las naciones
           2.   Comenzando desde Jerusalén
      D.   Hechos 1:8
           1.   En Jerusalén
           2.   En toda Judea
           3.   En Samaria
           4.   Hasta el último de la tierra

II.   Hacer discípulos a todas las naciones (19b-20a)
      *Hacer es en forma de mandato
      *Todas las naciones (Apocalipsis 5:8-10, 7:9-10)
      A.   Hacer discípulos (19b)
           *Predicando el Evangelio (Marcos 6:15, I Corintios 15:1-4)
           1.   La práctica de los discípulos de Jesús
                a.   Juan 8:31-32 - El discípulo de Cristo sigue Su Palabra
                b.   Juan 13:34-35 - El discípulo de Cristo ama a los demás
                c.   Juan 15:1-8 - El discípulo de Cristo produce el fruto espiritual

2. Los <u>requisitos</u> de ser discípulo de Cristo (Lucas 14:26-33)

    a. Al discípulo de Cristo, Cristo vale más que todos los demás (26)
       *Mateo 10:37-39, 16:24-26
       *Marcos 8:34-38
       *Lucas 9:23-36
       *El misionario tiene que ser un discípulo de Cristo antes que pueda ayudar al otros a ser discípulos de Cristo (I Corintios 11:1, Filipenses 3:17)

    b. El discípulo de Cristo está preparado a sufrir y morir a sí mismo para Él (27a)
       *Mateo 10:38a
       *Gálatas 2:20

    c. El discípulo de Cristo hace lo que Él hace (27b)
       *Mateo 10:38b
       *Juan 13:15
       *I Pedro 2:21

    d. Para discípulo de Cristo, Cristo vale más que todos sus bienes (28-33)
       *Filipenses 3:7-10

3. Los <u>fines</u> de ser discípulo de Cristo

    a. El mundo va a rechazarte (Mateo 10:22-33)
       *Juan 15:18-25

    b. Jesucristo va a aceptarte como familia (Mateo 12:47-50)

B. <u>Bautizarlos</u> quienes son discípulos (19c)

*En el nombre de la trinidad

*La trinidad trabajaba en unidad para proveer la salvación (Romanos 8:1-17, Efesios 1-2:7, I Pedro 1:2-5, 3:18, Hebreos 9:14)

1. Según el <u>ejemplo</u> del bautismo de Cristo (Mateo 3:13-17)

    a. El bautismo de Jesús era para cumplir la justicia (13-15)
    b. El bautismo de Jesús estaba en el agua (16)
    c. El bautismo de Jesús era aprobado por Dios (17)

2. Para demonstrar la <u>identificación</u> con Cristo por el bautismo físico (Romanos 6:3-4)

    a. El bautismo identifica con la muerte de Jesús (3-4)
    b. El bautismo identifica con la resurrección de Jesús (4)
    c. El bautismo identifica con la vida nueva después la salvación (4)

3. Como los otros quienes <u>obedecieron</u> a Cristo por el bautismo
    a. Hechos 2:37-41 - Los 3,000 en el día de Pentecostés
    b. Hechos 8:5, 12 - Los creyentes en Samaria
    c. Hechos 8:35-38 - El eunuco de Etíope
    d. Hechos 16:30-34 - El carcelero de Filipos y su casa
    e. Hechos 18:8 - Crispo y su casa con muchos otros en Corintio

C. <u>Enseñarlos</u> quienes son discípulos (20a)
    *Enseñar que guarden todo lo que Jesús les dio
      **Tito 2:11-15
      **I Juan 2:5-6

1. Los <u>básicos</u> de los mandatos de Jesús (Mateo 22:36-40)
    *I Juan 5:2-3
    a. Amar a <u>Dios</u>
      *Juan 14:15
      (1) Con todo tu corazón
      (2) Con toda tu alma
      (3) Con toda tu mente
    b. Amar a tu <u>prójimo</u>
      *Romanos 13:10
      (1) Con el mismo amor que tienes para con ti mismo
        *Mateo 7:12
        *Efesios 5:29

Mateo 22:40

*40 De estos dos mandamientos
depende toda la ley y los profetas.*

2. El <u>interés</u> en la instrucción de los mandatos de Dios (Hechos 2:37-47)
    a. Ellos perseveraban en la <u>doctrina</u> de Dios (42)
    *Todas sus vidas estaban transformadas por la instrucción recibida
    *II Timoteo 3:14-17

b. Ellos perseveraban en el <u>lugar</u> de instrucción de la doctrina de Dios (46)

*Estaban en el templo diariamente para recibir la instrucción de Dios

*Salmos 122:1

*Hebreos 10:22-25

3. El <u>ejemplo</u> de enseñar los mandatos de Dios (Hechos 20:17-27)

    a. Enseñar todo el <u>consejo</u> de Dios (20a, 21b, 27)

        (1) Porque es útil (20a)

        (2) Para que haya ... (21b)

            (a) Arrepentimiento para con Dios

            (b) Fe para con Jesucristo

    b. Enseñar en todos <u>lugares</u> (20b)

        (1) En público

        (2) En privado

    c. Enseñar a todas las <u>personas</u> (21a)

        (1) Judíos

        (2) Gentiles

4. Las <u>expectativas</u> en enseñar los mandatos de Dios (Hechos 20:28-32)

    a. <u>Velar</u> con la memoria de la instrucción (31)

    b. <u>Edificar</u> por la instrucción (32b)

    c. <u>Esperar</u> en la herencia prometida en la instrucción (32c)

III. <u>Depender</u> en la presencia de Jesús (20)

*Jesús empezó con la potestad (autoridad) y terminó con la confianza

    A. Jesús hace un compromiso de Su <u>presencia</u>

    "... he aquí yo estoy con vosotros ..."

        1. La presencia de Jesús produce el <u>contentamiento</u> (Hebreos 13:5-6)

        *Los discípulos de Cristo tuvieron protección, provisión y dirección con la presencia de Él durante su ministerio (Marcos 4:36-41, Lucas 9:12-27)

            a. El contentamiento con lo que tiene

            *Salmo 37:25

            *I Timoteo 6:6-8

            b. El contentamiento por como Jesús nos ayuda (con protección)

            *Isaías 41:10-13

B. Jesús hace compromiso de Su <u>fidelidad</u>
    "... todos los días, hasta el fin del mundo."
    1. La presencia de Jesús incluye cuando uno esté <u>solito</u> (II Timoteo 4:10-17)
        a. Pablo estaba dejado por los demás en el ministerio (10-13)
            (1) Uno dejó a Pablo porque del desánimo y un enfoque mundano (10a)
            (2) Algunos dejaron a Pablo para el servicio del Señor (10b, 12)
                *Lucas fue el único que estaba con Pablo
        b. Pablo estaba unido con Jesús en el ministerio (14-17)
            *En los ataques contra el ministerio (14-16, 17b)
                **I Corintios 15:32
                **Daniel 6 (16-22) - Daniel en foso de los leones
            (1) Pablo recibió la fuerza de Jesús (17a)
            (2) Pablo predicó el mensaje de Jesús (17b)
            (3) Pablo estaba protegido por Jesús (17c)
                *Daniel 3 (16-27) - Sadrac, Mesac y Abed-nego en el horno de fuego ardiendo
            (4) Pablo tenía confianza en Jesús (18)
                *Él tenía confianza en la protección de todas las malas obras

Como Mantener una Iglesia Enfocada en la Misión de Dios

Lucas 19:10
Porque el Hijo del Hombre
vino a buscar y a salvar lo que se había perdido.

I.   Los propósitos del ministerio (programa) de misiones
   A.   Para mantener un recuerdo continuo delante de la iglesia y los creyentes individuales de su responsabilidad de participar en la Gran Comisión, empezando alrededor de ellos y continuando hasta el fin del mundo para evangelizar a los incrédulos y discipular a los creyentes
   B.   Para proveer una oportunidad continua para la iglesia y los creyentes individuales de participar en su responsabilidad de participar en la Gran Comisión, empezando alrededor de ellos y continuando hasta el fin del mundo para evangelizar a los incrédulos y discipular a los creyentes

II.   El programa del ministerio (programa) de misiones
   A.   Establecer una política bíblica para guardar al ministerio
      1.   Debe tener un repaso bíblico de las misiones
      2.   Debe tener las normas bíblicas de los ministerios y misioneros incluidos
         a.   Los requisitos del misionero
         b.   Los requisitos de la separación
   B.   Establecer los procedimientos prácticos para dirigir al ministerio
      1.   Debe incluir como el presupuesto está establecido, realizado, y distributivo
      2.   Debe incluir los requisitos y las responsabilidades de la junta de misiones (si la hay)
      3.   Debe incluir como un misionero/ministerio está incluido al ministerio
      4.   Debe incluir como un misionero/ministerio está removido del ministerio
      5.   Debe incluir pautas para las visitas de los misioneros
      6.   Debe incluir pautas para los misioneros enviados de la iglesia como su iglesia principal

III.   El <u>proceso</u> del ministerio (programa) de misiones
  A.   Presentar las <u>verdades</u> de las Escrituras

Hechos 20:20-21
20 y cómo nada que fuese útil
he rehuido de anunciaros y enseñaros,
públicamente y por las casas,
21 testificando a judíos y a gentiles
acerca del arrepentimiento para con Dios,
y de la fe en nuestro Señor Jesucristo.

II Timoteo 3:16
16 Toda la Escritura es inspirada por Dios,
y útil para enseñar, para redargüir, para corregir, para instruir en justicia,

Efesios 4:12a
12 a fin de perfeccionar a los santos ...

1.   Enseñar sobre <u>Dios</u> - II Pedro 1:2-3
    *Quien Él es y lo que Él espera
2.   Enseñar sobre la condición y destinación del <u>hombre</u> sin Jesucristo -
    Isaías 53:6, 64:6, Lucas 16:19-31, Romanos 3:23, Efesios 2:1-4, 11-
    12
    *Su pecado y la necesidad para la salvación
3.   Enseñar sobre la grandeza de la obra de <u>Jesucristo</u> - Isaías 53:1-5, 7-
    12, Juan 3:16-17, Romanos 6:23, Efesios 2:5-10, 13-19, I Juan 2:1-2
    *Él pagó por el preció del pecado en la cruz
4.   Enseñar sobre la necesidad para <u>fe</u> en Jesucristo - Juan 3:16-21,
    Romanos 10:9-10, Efesios 2:8-9
5.   Enseñar sobre la <u>responsabilidad</u> de cada creyente de evangelizar -
    Juan 20:21, Mateo 28:18-20, II Corintios 5:17-20

B. Presentar las <u>aplicaciones</u> prácticas de las Escrituras

Hechos 20:31-32
31 Por tanto, velad, acordándoos que por tres años,
de noche y de día,
no he cesado de amonestar con lágrimas a cada uno.
32 Y ahora, hermanos, os encomiendo a Dios,
y a la palabra de su gracia,
que tiene poder para sobreedificaros
y daros herencia con todos los santificados.

II Timoteo 3:17
17 a fin de que el hombre de Dios sea perfecto,
enteramente preparado para toda buena obra.

Efesios 4:12b
12 ... para la obra del ministerio,
para la edificación del cuerpo de Cristo,

1. Porque Dios es ... y espera ... tienes que ...
2. Porque el hombre es ..., tienes que ...
3. Porque Jesucristo murió en la cruz, tienes que ...
4. Porque la fe es la única manera de salvación, tienes que ...
5. Porque tienes la responsabilidad de evangelizar, tienes que ...

IV. El <u>plan</u> para el ministerio (programa) de misioneros
    A. Mantener una actitud de <u>apreciación</u> (II Corintios 5:14-20)
        1. Apreciación por la <u>salvación</u> propia (14-16)
        2. Apreciación por la <u>vida</u> nueva (17-18)
        3. Apreciación por la <u>oportunidad</u> de servir a Dios (19-20)

B.   Mantener un entusiasmo de <u>anticipación</u>
     *Anticipación por el mundo listo

Juan 4:35
35 ¿No decís vosotros:
Aún faltan cuatro meses para que llegue la siega?
He aquí os digo:
Alzad vuestros ojos y mirad los campos,
porque ya están blancos para la siega.

*Anticipación por enviar a los labradores

Mateo 9:37-38
37 Entonces dijo a sus discípulos:
A la verdad la mies es mucha, mas los obreros pocos.
38 Rogad, pues, al Señor de la mies,
que envíe obreros a su mies.

1.   Por una visión <u>clara</u> de como Dios puede usarles en casa (alcanzar tu Jerusalén)
     *Los ministerios de evangelizar y discipular en casa proveen el entendimiento de la necesidad y entrenamiento para ser enviado al mundo
     a.   Visitación casa a <u>casa</u>
     b.   Visitación a los <u>contactos</u>
     c.   Repartimiento de <u>tratados</u> e invitaciones a la iglesia
     d.   Repartimiento de <u>invitaciones</u> a los servicios y ministerios especiales (campañas, escuela bíblica de verano, etc.)
     e.   Discipulado de los nuevos <u>contactos</u> y los nuevos <u>creyentes</u>
     f.   Servicios y <u>ministerios</u> en público (club de niños, clínicas de deportes, etc.)
2.   Por una visión <u>ancha</u> de como Dios está trabajando a través del mundo (recordar tu Judea Samaria, y hasta lo último de la tierra)
     a.   <u>Orar</u> por las necesidades de los demás
          (1) Del <u>pueblo</u>
          (2) Del <u>país</u>
          (3) Del <u>mundo</u>

b. <u>Planificar</u> tiempos especiales para misiones
   (1) <u>Campañas</u> misioneras
   (2) Visitas de los misioneros <u>veteranos</u>
       *Para presentar los testimonios del pasado
   (3) Visitas de los misioneros <u>nuevos</u>
       *Para presentar la esperanza para el futuro

c. <u>Proveer</u> exposición constante de las misiones
   (1) <u>Programar</u> tiempos específicos para los misioneros en las clases de la escuela dominical, culto de niños, banquetes especiales, etc.
   (2) <u>Poner</u> la información del misionero en público
       (a) Su tarjeta de oración
       (b) Su carta de oración
       (c) Sus fechas importantes e información de contacto
   (3) <u>Montar</u> un mapa grande del mundo en un sitio prominente
       *Se puede marcar cada pueblo en donde hay un misionero que la gente conoce o apoya
   (4) <u>Nombrar</u> un misionero especial por cada semana/mes
       (a) Poner su nombre, familia, foto, etc., en el boletín
       (b) Dar una cuenta sobre su obra en público
       (c) Orar cada culto específicamente por él y su ministerio
   (5) <u>Leer</u> las cartas de oración en público (el culto de oración y estudio bíblico)
   (6) <u>Tener</u> una "adopción" del misionero por cada clase de escuela dominical o familia de la iglesia
       (a) Para orar específicamente
       (b) Para comunicar personalmente y regularmente
       (c) Para escribir cartas todos los días especiales
       (d) Para enviar paquetes

d. <u>Participar</u> con otras iglesias de la misma fe y práctica muy <u>cerca</u>
   *Para el evangelismo de los incrédulos y edificación de los creyentes
   (1) Campañas
   (2) Actividades
   (3) Ministerios

e. <u>Participar</u> con otras iglesias de la misma fe y práctica muy <u>lejos</u>
   (1) Las oportunidades del <u>ministerio</u>
       Proveer tratados y otros materiales para el ministró
   (2) Las oportunidades de las <u>tribulaciones</u>
       Proveer necesidades en los desastres naturales

C. Mantener una práctica de <u>acción</u>
   1. Acción de participación en <u>distancia</u>
      a. En <u>oración</u>
      b. Enviar el <u>apoyo</u>
         (1) De sostén
         (2) De suministros
      c. Enviar el <u>estímulo</u>
         (1) Por cartas
         (2) Por paquetes
   2. Acción de participación para estar <u>circa</u> (por las visitas personales)
      a. Enviar a las personas en viajes <u>cortos</u> (de días)
      b. Enviar a las personas en viajes <u>largos</u> (de meses)
      c. Enviar a las personas en viajes <u>permanentes</u> (de años)
         *Como nuevos misioneros

LA ORGANIZACIÓN DEL MINISTERIO DE MISIONES

I.   La declaración del <u>propósito</u>

*La declaración del propósito debe ser una frase concisa de un párrafo que puede establecer un cimiento claro para la doctrina y práctica del ministerio

    A.   Apuntar la <u>razón</u> bíblica para el ministerio

    B.   Apuntar la <u>meta</u> del ministerio

    C.   Apuntar la <u>manera</u> en que el ministerio será realizado

Ejemplo:

El Ministerio de Misiones en la Iglesia Bautista De La Fe está establecido para enseñar a sus miembros sobre la voluntad de Dios para su participación, para exhortar a sus miembros a considerar sus responsabilidades personales, y para proveer a sus miembros las oportunidades de realizar el evangelismo del mundo apoyando físicamente y espiritualmente a los misioneros sirviendo de su parte a través del mundo.

II.   La <u>política</u>

*La política debe amplificar lo que está presentado en la Declaración del Propósito para explicar las normas para el ministerio

    A.   Las personas incluidas en el ministerio

        1.   Quien tiene <u>puesto</u> en el ministerio

           a.   El <u>Pastor</u>

              (1) Él tiene derecho de invitar a los misionero según su calendario y discreción

              (2) Él tiene al derecho y responsabilidad de investigar el misionero, su familia, y su ministerio para verificar que están cumpliendo sus requisitos

              (3) Él tiene la responsabilidad final de rechazar, aceptar, o remover el misionero

           b.   La <u>Junta</u>

              (1) Ella está establecida por un numero específico según el <u>tamaño</u> de la iglesia y su ministerio de misiones

                 (a) La nominación de los miembros debe estar por el pastor

                 (b) La elección de los miembros debe seguir las normas de la constitución (si está mencionado)

    (c) La membresía de los miembros deben tener la duración declarada

     *1 año, 4 años, sin fin, etc.

    (d) La membresía puede ser hecha de los diáconos

    (e) La membresía que incluye las mujeres debe reconocer sus limitaciones bíblicas y sus beneficios prácticos

     *Es posible tener los hombres como miembros y pedir las esposas a ayudar en las entrevistas y las preparaciones

   (2) Ella está establecida con <u>miembros</u> fieles en la iglesia que están dedicados al ministerio local y global

    (a) Los diáconos

    (b) Los ancianos en la fe

    (c) Aquellos que han expresado un interés específico en los misioneros y tienen testimonio de participación en el evangelismo local y global

   (3) Ella está establecida para ayudar al <u>pastor</u> en el proceso de verificar el testimonio y ministerio del misionero

   (4) Ella está establecida para ayudar la iglesia mantener <u>contacto</u> con los misioneros y ofrecer ayuda apropiada

   (5) Ella está establecida para ayudar la iglesia a <u>prepararse</u> para las visitas y oportunidades misioneras

  c. <u>Secretaria</u>

   *Las expectativas de la secretaria deben estar presentadas para que no haya preguntas sobre su participación

2. Quien puede <u>recibir</u> beneficio del ministerio

  a. El creyente que es miembro de la <u>iglesia</u>

   (1) Uno que está preparado adecuadamente en doctrina y carácter para el ministerio

   (2) Uno que ha probado su fidelidad en el ministerio por su participación y sacrificio

   (3) Uno que es reconocido por la iglesia como llamado por Dios

   (4) Uno que está de acuerdo con la Declaración de la Fe de la iglesia

   (5) Uno que está separado de las prácticas mundanas y de los ministerios ecuménicos

b. El creyente que es miembro de <u>otra</u> iglesia de la misma fe y práctica

    (1) Uno que ha recibido la bendición de su iglesia principal por ser fiel en la doctrina y labor del ministerio

    (2) Uno que ha presentado su ministerio a la iglesia por testificar públicamente de su testimonio de salvación, llamado, planes por el ministerio, y predicación/enseñanza de la palabra

    (3) Uno que está de acuerdo con la Declaración de la Fe de la iglesia

    (4) Uno que está separado de las prácticas mundanas y de los ministerios ecuménicos

c. El creyente que es miembro de una <u>Agencia Misionera</u> que mantenga la misma doctrina y práctica

*La Agencia Misionera revela mucho sobre la creencia, práctica, y fidelidad del misionero por como ella aprueba sus solicitantes y como ella requiere dar cuenta después que están aceptados

    (1) La Agencia tiene que ser un conocida por su fidelidad a la fe y práctica

        (a) Los Fundamentos de la Fe

        (b) Los Distintivos Bautistas

    (2) La Agencia tiene que ser conocida por su separación de los ministerios ecuménicos

    (3) La Agencia tiene que ser conocida por su comunicación regular con sus misioneros y mantener un proceso regular en que el misionero tiene que dar cuenta por su ministerio

    (4) La Agencia tiene que ser conocida por su credibilidad en sus negocios y distribución de los fondos de sus misioneros

d. El creyente que es miembro de la iglesia o de una iglesia de la misma fe y práctica que tiene necesidades <u>una sola vez</u> para realizar un ministerio de misiones

    (1) Él tiene que presentar sus planes para ministrar a la iglesia con los detallas

    (2) Él puede recibir una ofrenda especial para apoyarle en su ministerio y/o una cuantidad designada por el pastor y los diáconos/junta de misiones de acuerdo con su necesidad actual

  e. El ministerio que está dedicado a realizar la Gran Comisión

    (1) El que está presentado delante la iglesia para que haya suficiente entendimiento de sus propósitos y prácticas

    (2) Él que está de acuerdo con las básicas de la Declaración de la Fe de la iglesia

    (3) Él que está separado de los prácticas mundanas y los ministerios ecuménicos

  f. El creyente o el ministerio que recibe la aprobación de ...

   *La aprobación del misionero no es un concurso de popularidad, sino una decisión seria sobre la voluntad de Dios en juntarse con Su siervo como su representante a través del mundo

    (1) El pastor

    (2) Los diáconos/junta de misiones

    (3) La congregación

B. Los requisitos para los misioneros y ministerios para estar incluidos en el ministerio

  1. Cumplir todos los interrogadores y peticiones por información sobre la familia y el ministerio

  2. Comunicar con las llamadas o las cartas de oración regularmente que incluyen las peticiones y las bendiciones en el ministerio

  3. Visitar para dar cuenta personalmente sobre el ministerio

  4. Mantener fidelidad en la doctrina y práctica del ministerio y la familia

C. Cuando y como las decisiones del ministerio serán hechas

  1. Establecer las reuniones regulares durante el año por de la Junta de Misiones

   *Uno cada cuarto, mes, etc.

  2. Establecer la oportunidad para reuniones especiales de los temas muy importantes

  3. Incluir el ministerio de misiones en las reuniones de negocio de la iglesia

4. Establecer el <u>porciento</u> de los votos para realizar una decisión por la Junta de Misiones y la congregación
   *2/3%, 100%, etc.
5. Establecer la <u>norma</u> de la duración del apoyo ofrecido al misionero
   *Un año, un período, sin fin

D. Como <u>sostener</u> el ministerio
   1. Como <u>recoger</u> los fondos
      a. Por las ofendas especiales
      b. Por las Ofrendas Prometidas por Fe (Donaciones por Gracia)
      c. Por incluirlo en el presupuesto de la iglesia
         *Un porciento de todas las ofrendas está usado por el ministerio de misiones
   2. Como <u>distribuir</u> los fondos
      a. La regularidad de enviar los fondos
         *Mensual, trimestral, cada seis meses
      b. La cantidad estándar por cada misionero
         *Las acepciones para los misioneros de la membresía de la iglesia o con necesidades especiales
      c. La regularidad de evaluar la oportunidad de subir el apoyo por todos los misioneros o uno en particular
         (1) Considerar las necesidades de cada misionero individualmente anualmente
         (2) Automáticamente levantar el apoyo por un porciento específico
   3. Como <u>establecer</u> el presupuesto
      *Cuando el ministerio de misiones no realice su presupuesto, es el misionero que sufre porque él no tiene los fondos necesarios para proveer para su familia y realizar el ministerio
      a. Determinar una cantidad realista para <u>distribuir</u>
         (1) Según los compromisos del programa de las Ofrendas Prometidas por Fe
         (2) Según el porciento de los fondos recibidos en los años pasados
         (3) Según la ofrenda especial recibida para las misiones

  b. Determinar una cantidad realista para dar a cada <u>misionero</u>
   (1) Según lo que es apropiado para ser una ayuda verdadera al misionero
    *$50, $75, $100, etc. - Mensual
    *Tiene que determinar la filosofía de la inversión de apoyo
     *Apoyar más misioneros por dar menos mensualmente
     *Apoyar menos misioneros por dar más mensualment
   (2) Según lo que es apropiado por la cantidad de misioneros que van a apoyar
    *Es mejor empezar con uno o dos y añadir más después que haya evidencia de fidelidad al ministerio
   (3) Según los compromisos que tiene
   (4) Según el aumento que quiere dar a aquellos que ya apoye
  c. Determinar la cantidad necesaria para <u>realizar</u> el ministerio de misiones en la iglesia
   (1) Cubrir los costos de las visitas de los misioneros durante el año
    (a) Transportación para llegar
    (b) Vivienda
    (c) Ofrendas y ayudas especiales
    (d) Transportación para salir
   (2) Cubrir los costos de la conferencia misionera
   (3) Cubrir las oportunidades misioneras especiales
    (a) Viajes misioneros
    (b) Proyecto para los misioneros
  d. Determinar la cantidad <u>disponible</u> después que todas los compromisos están calculados para determinar el número de misioneros que puede añadir al ministerio

III. La <u>participación</u>
  A. El pastor debe ser el <u>líder</u> del ministerio de misiones por ...
   1. <u>Presentar</u> el ministerio y los misioneros regularmente delante de la congregación
   2. <u>Programar</u> las visitas de los misioneros candidatos y veteranos

EL MINISTERIO DE MISIONES EN LA IGLESIA

3. <u>Mencionar</u> la apreciación y la honra bíblica para los misioneros y su ministerio para Dios en público y privado

4. <u>Recibir</u> y estudiar la información sobre los misioneros y su ministerio para evaluar la oportunidad de incluirles en el ministerio *Entrevistas por teléfono e interrogador por carta incluidas
   a. Preguntar sobre su experiencia y entrenamiento en el ministerio
   b. Preguntar sobre sus creencias en las doctrinas importantes
   c. Preguntar sobre sus afiliaciones en el ministerio
   d. Preguntar sobre su dedicación a su propia vida cristiana privada
   e. Preguntar sobre su familia

5. <u>Proveer</u> las oportunidades regulares en que la congregación puede participar en la Gran Comisión en casa y a través del mundo

B. Cada <u>miembro</u> de la junta debe tener una pasión para el ministerio del misionero, y la familia y ministerio de cada misionero por

1. <u>Entender</u> la importancia, responsabilidad, y dificultades de la vida misionera

2. <u>Conocer</u> a los misioneros y su ministerio durante sus visitas por comunicación casual y las entrevistas en sus reuniones
   a. Preguntar sobre su experiencia y entrenamiento en el ministerio
   b. Preguntar sobre su familia
   c. Preguntar sobre sus ministerios
   d. Preguntar sobre su apoyo
   e. Preguntar sobre su habilidad en el idioma
   f. Preguntar sobre las maneras en que la iglesia puede ayudar

3. <u>Participar</u> en la comunicación regular con los misioneros

C. Cada <u>miembro</u> de la iglesia debe estar animado de participar en el ministerio de misiones por ...

1. <u>Recibir</u> y leer las cartas de oración de los misioneros

2. <u>Orar</u> específicamente y regularmente por los misioneros

3. <u>Comunicar</u> frecuentemente con los misioneros

4. Enviar <u>cartas</u> y regalos a los misioneros y su familia por los días especiales durante el año

5. <u>Hacer</u> viajes misioneros para visitar y apoyar al misionero y su ministerio

6. <u>Asistir</u> y prestar atención cuando los misioneros estén visitando y presentado su ministerio

7. <u>Abrir</u> su casa para estar hospitalario a los misioneros durante sus visitas

EL PRESUPUESTO POR EL MINISTERIO DE MISIONES

Los Fondos Disponibles	
Cuantidad disponible por ofrendas especiales	$
Cuantidad Prometida por Fe	$
Cuantidad esperaba por el porciento designado de las ofrendas regulares	$
El Total Anual	$

Los Fondos Comprometidos		
El Misionero/El Ministerio	$ Mensual Curente	$ Mensual Futuro
	$	$
	$	$
	$	$
	$	$
	$	$
	$	$
	$	$
	$	$
	$	$
	$	$
El Total Comprometido Mensual	$	$
El Total Anual ($ Futuro x 12 meses)		$

Los Fondos Designados por Ministerios Especiales		
El Ministerio	$ Año pasado	$ Año que viene
Visitas de los misioneros	$	$
Conferencia misionero	$	$
Ayuda de emergencia/proyecto especiales	$	$
Regalos por los misioneros	$	$
Viajes misioneras	$	$
El Total Anual	$	$

El total de los fondos disponibles $_____
- (Menos)
El total de los fondos comprometidos$_____
El total de los fondos designados$_____
= (Igual)
El total de los fondos nuevos para destituir$_____

Los Nuevos Misioneros/Proyectos por el Año	
El Ministerio/Proyecto	Cuantidad
	$
	$
	$
	$
	$
El Total Anual	$

EL ESPÍRITU SANTO:
EL PODER PARA LAS MISIONES
EN HECHOS

**La iglesias debe depender en el Espíritu Santo
para eligir y enviar a los misioneros.**

Hechos 1:2, 5, 8
*2 hasta el día en que fue recibido arriba,
después de haber dado mandamientos por el Espíritu Santo
a los apóstoles que había escogido;
5 Porque Juan ciertamente bautizó con agua,
mas vosotros seréis bautizados con el Espíritu Santo
dentro de no muchos días.
8 pero recibiréis poder,
cuando haya venido sobre vosotros el Espíritu Santo,
y me seréis testigos en Jerusalén, en toda Judea,
en Samaria, y hasta lo último de la tierra.*

I. La <u>promesa</u> del poder (1:2, 5, 8a)
   A. Viene por el <u>bautismo</u> (espiritual)
   B. Viene por el <u>Espíritu</u> <u>Santo</u>
   C. Viene <u>pronto</u>

II. El <u>propósito</u> del poder (1:8)
   A. Para ser <u>testigos</u> ...
      1. Para él Señor
   B. Testigos <u>en</u> ...
      1. Jerusalén (su pueblo)
      2. Judea(su pías)
      3. Samaria (su región)
      4. Último de la tierra (global)

III. La <u>presencia</u> del poder (2:1-4)
   A. Cuando los creyentes estén <u>unidos</u> (1)
   B. Cuando los creyentes estén <u>llenos</u> por el Espíritu Santo (2-4)

IV. La práctica del poder
   A. En Jerusalén (Hechos 2:5, 4:1-33)
   B. En Judea (Hechos 8:1, 4)
   C. En Samaria (Hechos 8:1, 4-12)
     1. Felipe (4-13)
     2. Pedro y Juan (14-25)
       a. Ellos eran enviados por la iglesia en Jerusalén para investigar el ministerio (14)
       b. Ellos regresaron a Jerusalén después que confirmar y participaron en el ministerio (25)
   D. Último de la tierra
     1. Hechos 8:26-40 (El Eunuco de Etíope) - Felipe
     2. Hechos 10:1-48 (11:1-18) (Jope) - Pedro
     3. Hechos 11:19-26 (Fenicia, Chipre, y Antioquía) - Todos los creyentes perseguidos
       a. Ellos predicaron únicamente a los Judíos (19)
       b. Algunos de Chipre y de Cirene predicaron en Antioquía (20-21)
       c. Bernabé estaba enviado de Jerusalén para verificar el ministerio (22-26)
       d. Algunos profetas de Jerusalén visitaba a Antioquía (27)
     4. Hechos 11:27-30, 12:25 (Jerusalén) - Bernabé y Saulo (Pablo)
       a. Ellos viajaban a Jerusalén para llevar una ofrenda (misionara) para ayudar a los creyentes en necesidad (11:27-30)
       b. Después de su tiempo de ministerio en Jerusalén, ellos regresaron a Antioquía con Juan Marcos (12:25)
     5. Hechos 13:1-14:26 (el primer viaje misionero) - Bernabé, Saulo (Pablo) y Juan Marcos
       a. Ellos estaban inviado de Antioquía y regresaron a Antioquía
       b. Juan Marcos departió de ellos después que dificultades en el ministerio
     6. Hechos 15:40-18:22 (el segundo viaje misionero) - Pablo y Silas
       a. Ellos estaban enviados de Antioquía y regresaron a Antioquía
       b. Timoteo se unió con ellos en Listra (16:1-5)

7. Hechos 18:23-28:31 (el tercer viaje misionero) - <u>Pablo</u>, <u>Timoteo</u> y <u>Erasto</u>

   a. Ellos salieron de Antioquía, pero Pablo nunca regresó porque estaba impresionado en Jerusalén, Cesarea, y Roma

   b. Algunas diferentes personas viajaban con Pablo en diferentes tiempos de su viaje

LA PRESENCIA DEL ESPÍRITU SANTO
EN LA IGLESIA PRIMITIVA

Hechos 1:2, 5, 8
2 hasta el día en que fue recibido arriba,
después de haber dado mandamientos por el Espíritu Santo
a los apóstoles que había escogido;
5 Porque Juan ciertamente bautizó con agua,
mas vosotros seréis bautizados con el Espíritu Santo
dentro de no muchos días.
8 pero recibiréis poder,
cuando haya venido sobre vosotros el Espíritu Santo,
y me seréis testigos en Jerusalén, en toda Judea,
en Samaria, y hasta lo último de la tierra.

I.   El poder y la claridad en <u>predicar</u>
   A.   Hechos 2:1-41 (4) - Pedro en el día de Pentecostés
   B.   Hechos 4:1-13 (8) - Pedro delante de los líderes en Jerusalén
   C.   Hechos 6:8-7:60 (6:8, 7:55) - Esteban predicó hasta que fue asesinado

II. La <u>llenura</u> de nuevo creyentes
   A.   Hechos 2:38-47 - Los nuevos creyentes en el día de Pentecostés
     *Produjo unidad de animo y compañerismo
   B.   Hechos 8:14-17 - Los nuevos creyentes en Samaria (por las manos de Pedro y Juan)
   C.   Hechos 9:17 - Pablo en la casa de Judas (por las manos de Ananías)
   D.   Hechos 10:44-47, 11:15-17 - Cornelio y aquellos en su casa (los gentiles)
   E.   Hechos 15:7-11, 28 - El testimonio de Pedro sobre los gentiles que recibieron el Espíritu Santo igual a los Judíos
   F.   Hechos 19:1-7 - Los siete discípulos de Juan el Bautista que creyeron en Jesús por el ministerio de Pablo

III. El <u>denuedo</u> para persistir aunque había la persecución
   A.   Hechos 4:29-33 - Después de la persecución de Pedro y Juan
   B.   Hechos 13:14-52 (52) - Después que Pablo y Bernabé recibieron persecución en Antioquía en Pisidia

IV.   Las <u>ofrendas</u> recibidas
   A.   Hechos 5:1-10 (3) - La mentira de Ananías por guardar parte del precio de la tierra que él vendió

V.   La selección de los <u>diáconos</u>
   A.   Hechos 6:1-7 - Ellos tuvieron que estar llenos por el Espíritu Santo

VI.   La <u>dirección</u> dada para ir o no ir para evangelizar
   A.   Hechos 8:29-39 (29) - Felipe digerido al Eunuco de Etíope
   B.   Hechos 10:1-11:18 (10:19-20, 11:12) - Pedro dirigido a ir a Cornelio
   C.   Hechos 16:6-7 - Pablo impedido de ir a Asia ni Bitinia
   D.   Hechos 21:4 - Pablo enseñado de no ir a Jerusalén

VII.   La <u>edificación</u> y fortaleza para la iglesia
   A.   Hechos 9:31 - El crecimiento de la iglesia después de la prosecución de Saulo (Pablo) se cabo
   B.   Hechos 11:22-24 - El crecimiento de la iglesia por el ministerio de Bernabé, uno lleno del Espíritu Santo

VIII.   El <u>aviso</u> sobre el ministerio futuro
   A.   Hechos 11:27-30 (28) - La profecía de Agabo sobre la necesidad de los creyentes en Jerusalén
   B.   Hechos 20:23, 21:11 - La profecía del peligro en Jerusalén para Pablo

IX.   Los ministros <u>enviados</u> como misioneros
   A.   Hechos 13:1-4 - Bernabé y Pablo llamados y enviados al ministerio de misiones

X.   La <u>confrontación</u> de aquellos que causaron daño al ministerio
   A.   Hechos 13:6-12 - La confrontación de Pablo a Barjesús en la isla de Pafos

XI.   Los <u>pastores</u> establecidos en el ministerio
   A.   Hechos 20:17-38 (28) - Los pastores establecidos en Efeso

La Dependencia en el Poder del Espíritu Santo por el Ministerio

Hechos 1:8
8 pero recibiréis poder,
cuando haya venido sobre vosotros el Espíritu Santo,
y me seréis testigos en Jerusalén, en toda Judea,
en Samaria, y hasta lo último de la tierra.

I.   El poder en el presente (el ministerio de Pedro - Hechos 10)
    A.   Reconocer la <u>dirección</u> de Dios en planear el ministerio (9-22)
    B.   Reconocer la <u>provisión</u> de Dios para el ministerio (1-8, 23-33)
    C.   Reconocer la <u>presencia</u> de Dios para realizar el ministerio y producir el fruto verdadero (34-48)

II.   El poder en el pasado (el informe por Pedro - Hechos 11)
    A.   Recordar el ministerio <u>empezado</u> por la dirección de Dios (1-10)
    B.   Recordar el ministerio <u>realizado</u> por la provisión de Dios (11-14)
    C.   Recordar el fruto <u>producido</u> por Dios (15-17)

III. El poder para el futuro (Pedro y Juan despúes su abuso - Hechos 4)
    A.   Depender en la <u>dirección</u> de Dios para el ministerio nuevo (23-28)
    B.   Depender en la <u>provisión</u> de Dios para los ministerios nuevos (29-31)
    C.   Depender en la <u>producción</u> del fruto para Dios por los ministerios nuevos (32-35)

UNA EVALUACIÓN DE LA DEPENDENCIA EN EL ESPÍRITU SANTO POR EL MINISTERIO

El Ministerio de la Iglesia

1. Pasado - ¿Son los ministerios pasados produciendo ...?
    a.   El fruto espiritual verdadero en el presente? _____
    b.   La gloria a Dios en el presente? _____

2. Presente - ¿Son los ministerios presentes realizados con ...?
    a.   Dependencia en Dios para Su dirección y poder? _____
         *¿Cómo? _____
    b.   Dedicación a la instrucción clara de las Escrituras? _____
         *¿Cómo? _____
    c.   Oración por la preparación e implementación? _____
         *¿Cómo? _____

3. Futuro - ¿Son los ministerios futuros preparándose con ...?
    a.   Oración por cada detalla? _____
    b.   Oración por el fruto espiritual? _____
    c.   Dedicación a extender el Evangelio? _____
    d.   Dedicación a avanzar el discipulado de los creyentes? ____
    e.   Dependencia en el poder del Espíritu Santo aun cuando haya impedimentas mundanas? _____

El Ministerio del Misionero

1. Pasado - ¿Son sus testimonios presentados ....
    a.   Revelando la dirección de Dios por su salvación y crecimiento espiritual?
         _____
    b.   Revelando la provisión de Dios para llevarlo a este punto de su vida?
         _____
    c.   Magnificando el poder de Dios en el fruto producido por sus ministerios cumplidos? _____

2. Presente - ¿Es su ministerio corriente probando su ...?
   a. Dependencia en Dios para la dirección y el poder? _____
      *¿Cómo? _____
   b. Dedicación a la instrucción clara de las Escrituras? _____
      *¿Cómo? _____
   c. Oración por la preparación e implementación? _____
      *¿Cómo? _____

3. Futuro - ¿Son los planes futuros presentados con ...?
   a. Oración por cada detalla? _____
   b. Oración por el fruto espiritual? _____
   c. Dedicación a extender el Evangelio? _____
   d. Dedicación a avanzar el discipulado de los creyentes? ____
   e. Dependencia en el poder del Espíritu Santo aun cuando haya impedimentas mundanas? _____

La Agencia Misionera

**La iglesia debe tener apreciación
por el ministerio de la agencia
mientras cumple sus responsabilidades al misionero.**

Los Principios Bíblicos
Para la Agencia Misionera
II Corintios 8:16-24

*La Agencia Misionera es una delegación aprobada por las iglesias para recoger y distribuir sus ofrendas misioneras a los misioneros y a los creyentes de que ellas tienes el deseo de apoyar

I.   Ella tiene que tener <u>labradores</u> que trabajan de su corazón para el beneficio de las iglesias y aquellos de que ella están ayudando (16-17)

II.   Ella tiene que ser <u>manejada</u> por los creyentes (18-19)
    A.   Ellos de buen <u>testimonio</u> con las iglesias
    B.   Ellos <u>aprobados</u> por las iglesias

III.   Ella tiene que <u>administrar</u> las ofrendas con honestidad (20-23)
    A.   Honestidad delante de <u>Dios</u>
    B.   Honestidad delante de los <u>hombres</u>

*23 En cuanto a Tito,
es mi compañero y colaborador para con vosotros;
y en cuanto a nuestros hermanos,
son mensajeros de las iglesias, y gloria de Cristo.
24 Mostrad, pues,
para con ellos ante las iglesias la prueba de vuestro amor,
y de nuestro gloriarnos respecto de vosotros.*

Las Provisiones de la Agencia Misionera para la Iglesia y el Misionero

Cada agencia sirve a sus misioneros en diferentes maneras y a diferentes niveles, ambos en como ella verifica y demanda cuenta de las doctrinas y las prácticas bíblicas del misionero y en como ella maneja los fondos para el misionero (desde ser un centro de intercambio de fondos hasta controlar cada detalle de la vida y el ministerio).

I. Credibilidad
   A. La iglesia - Por su proceso de entrevista, ella provee credibilidad a la iglesia que el misionero tiene creencias específicas y entrenamiento/experiencia adecuado para realizar el ministerio
   B. El misionero - Por comunicación de los misioneros en la misma agencia, el misionero tiene la oportunidad de investigar el testimonio de las iglesias que está visitando

II. Referencias
   A. La iglesia - Por su lista de misioneros, ella provee numerosos misioneros para que la iglesia pueda invitarlos y apoyarlos
   B. El misionero - Por su lista de iglesias que ya apoyan a sus otros misioneros, el misionero puede tener acceso a unas listas de iglesias de la misma fe y práctica

III. Preparación
   A. La iglesia - Por los líderes de la agencia visitando y predicando en la iglesia, ella puede estar preparada para recibir visitas del misionero y apoyarlo bíblicamente y prácticamente
   B. El misionero - Por el entrenamiento y consejo ofrecido por los maduros en el ministerio el misionero puede estar suficiente preparado para los cambios a su vida y el proceso de empezar su ministerio en su nuevo país

IV. Finanzas
  A. La iglesia - Por su <u>testimonio</u> y <u>establecimiento</u> como un ministerio/corporación sin fines de lucro que tiene sus procedimientos bien establecidos, la iglesia tiene un lugar para enviar sus ofrendas, y puede tener confianza en que los fondos designados al misionero están manejados correctamente
  *La iglesia puede pedir reportes de sus ofrendas y de los presupuestos de sus misioneros
  B. El misionero - Por sus <u>procedimientos</u> bien explicados y un presupuesto bien hecho (ministerio, salario, plan médico, impuestos, etc.), el misionero puede saber exactamente los fondos disponibles para cada área de su ministerio y familia, y puede tener la seguridad de los recursos por la agencias
  *Como negocio, la agencia puede proveer mejor seguro médico de un individual o una iglesia
  *La agencia puede acumular los fondos para las emergencias médicas o políticas por ahorrar un poco de cada misionero para el tiempo de necesidad

V. Dar <u>Cuenta</u>
  A. La iglesia - Por el <u>contacto</u> frecuente y dando cuenta regularmente del misionero a la agencia, la iglesia puede estar más segura que el misionero está manteniéndose fiel en el ministerio (en la doctrina, en la práctica, en las finanzas, etc.)
  B. El misionero - Por las <u>experiencias</u> de otros misioneros de la misma agencia, el misionero puede recibir recomendaciones de las iglesia que están sinceras y fieles, o aviso de aquellas que no son así

VI. Gobierno
  A. La iglesia - Por la <u>organización</u> de la misión y sus contactos en los diferentes países, la iglesia y el misionero pueden tener la confianza del más rápido progreso de los documentos legales y la mejor protección si haya situaciones peligrosas para su misionero
  B. El misionero - Por las <u>experiencias</u> pasadas y contactos corrientes, el misionero puede recibir el consejo y la ayuda necesaria para recibir sus documentaciones, VISA, etc., que necesita para entrar al país y recibir información y ayuda en los lugares y tiempos peligrosos

LOS PELIGROS DE LA AGENCIA MISIONERA

1. La agencia puede <u>cambiar</u> su doctrina y práctica y hacerlo difícil por el misionero fiel
2. La agencia puede <u>fallar</u> en sus responsabilices financieras e impedir los fondos a llegar al misionero correctamente
3. La agencia puede <u>tratar</u> de controlar el ministerio, los creyentes nacionales, y la propiedad (aun después que el misionero se vaya)
4. La agencia puede <u>requerir</u> demasiado de los fondos del misionero para manejar y mejora la propiedad y miembros de ella

LA VISITA DEL MISIONERO

**La iglesia debe cumplir sus responsabilidades
de recibir el misionero
y proveer para él durante su visita.**

Hechos 14:27-28
*27 Y habiendo llegado, y reunido a la iglesia,
refirieron cuán grandes cosas había hecho Dios con ellos,
y cómo había abierto la puerta de la fe a los gentiles.
28 Y se quedaron allí mucho tiempo con los discípulos.*

I.   Los <u>tipos</u> de visitas del misionero
    A.   La <u>introducción</u> del ministerio (Hechos 13:1-4)
       *Es cuando un misionero nuevo visita para presentar su ministerio por la primera vez para que la iglesia pueda conocerlo y sus planes para servir a Dios
    B.   El <u>reporte</u> del ministerio (Hechos 14:23)
       *Es cuando el misionero veterano visita para dar cuenta sobre su ministerio para que la iglesia pueda glorificar a Dios y ayudarlo al misionero en sus planes futuros

II.   Las <u>normas</u> de la visita del misionero
    *I Timoteo 3:6, 5:22
    A.   Invita a un misionero después que <u>investigue</u> su testimonio (Hechos 13:1-3)
       1.   Su <u>profundidad</u> en el entendimiento y práctica de la Palabra
       2.   Su <u>testimonio</u> de fidelidad y servicio al Señor
       3.   Su <u>llamado</u> por el Espíritu Santo reconocido por la iglesia
    B.   Invita a un misionero después que tenga buenas <u>referencias</u> por otros fieles en el ministerio (II Corintios 8:18-24)
       1.   <u>Pastores</u>
       2.   <u>Agencias</u> misioneras
       3.   <u>Veteranos</u> en la fe

No invite a ningún misionero
si no está listo a apoyar su ministerio.

C. Durante la visita <u>conoce</u> al misionero, a su familia, y su ministerio (Hechos 20:18-38)
   1. El <u>misionero</u>
      a. ¿Cómo comunica las verdades bíblicas?
      b. ¿Cómo comunica con la gente?
   2. Su <u>familia</u>
      a. ¿Cómo responde la familia el uno con el otro?
      b. ¿Cómo está la familia con los planes del ministerio en el presente y el futuro?
   3. Su <u>ministerio</u>
      a. ¿Cómo se preparó para el ministerio (estudio bíblico, experiencia en el ministerio, estudio del idioma, etc.)?
      b. ¿Cómo está planeando a participar en el ministerio?

III. El <u>ministerio</u> de la visita del misionero (Hechos 14:27-28)
   A. La iglesia debe <u>unirse</u> para recibir el misionero
   B. La iglesia debe <u>recibir</u> el reporte del misionero
      *Hechos 15:4
      1. Las grandes cosas que Dios había hecho
      2. Las grandes maneras en que la fe había extendida
   C. El misionero debe <u>disfrutar</u> el compañerismo de la iglesia y ministrar a la iglesia

IV. Las <u>oportunidades</u> en la vista del misionero (Romanos 15:23-24)
   A. Por <u>compañerismo</u> cristiano con los otros creyentes
      "24 ... porque espero veros al pasar, ... una vez que haya gozado con vosotros."
   B. Por <u>ayudar</u> al misionero a llegar a su próxima destinación
      "24 ... y ser encaminado allá por vosotros, ..."
         *III Juan 1:5-8

V. La <u>provisión</u> para la visita del misionero (III Juan 1:5-8)

*Un testimonio alabado por la hospitalidad Cristiano

    *Pablo pidió que los creyentes preparan para sus visitas (Hechos 21:16, 28:7, Filemón 1:22)

    *Hebreos 6:10

A. Alabanza por la <u>fidelidad</u> en la hospitalidad (5)

B. Alabanza por el <u>amor</u> expresado en la hospitalidad (6)

C. Alabanza por el <u>ministerio</u> a los mensajeros de Dios por la hospitalidad (7-8)

    1. Mensajeros del nombre de Dios

    2. Mensajeros que no recibieron ayuda de los incrédulos (gentiles)

    3. Mensajeros que proclaman la verdad

D. El mandato de <u>continuar</u> en la hospitalidad (8a)

E. La oportunidad de <u>ayudar</u> el ministerio de la verdad por la hospitalidad (6b, 8b)

*Hospitalidad que no provee únicamente para sus necesidades mientras la visita, sino la que provee por sus necesidades para continuar su viaje

Mateo 10:41-42

*41 El que recibe a un profeta por cuanto es profeta,
recompensa de profeta recibirá;
y el que recibe a un justo por cuanto es justo,
recompensa de justo recibirá.
42 Y cualquiera que dé a uno de estos pequeñitos
un vaso de agua fría solamente, por cuanto es discípulo,
de cierto os digo que no perderá su recompensa.*

Hebreos 6:10

*10 Porque Dios no es injusto para olvidar vuestra obra
y el trabajo de amor que habéis mostrado hacia su nombre,
habiendo servido a los santos y sirviéndoles aún.*

EL EJEMPLO DE LA HOSPITALIDAD
PARA EL SIERVO DE DIOS
II REYES 4:8-37
LA MUJER SUNAMITA

I.   Las descripción de la anfitriona (8-10, 13-16)
    A.   Ella era del pueblo de <u>Sunem</u> (8)
    B.   Ella era muy <u>importante</u> (8)
    C.   Ella estaba <u>insistente</u> (8)
    D.   Ella estaba <u>respetuosa</u> de su marido (9)
    E.   Ella estaba <u>perceptiva</u> de aquellos que servían a Dios (9)
    F.   Ella estaba <u>deseosa</u> de sacrificar para ayudar al siervo de Dios (10)
    G.   Ella estaba muy <u>solícita</u> del siervo de Dios (13)
    H.   Ella no tenía <u>necesidad</u> en público (13)
    I.   Ella no tenía <u>hijos</u> (14)
         *El siervo de Eliseo, Giezi, mencionó esta necesidad
    J.   Ella <u>dudó</u> la posibilidad de tener un hijo (15-16)

II.   La obra de hospitalidad (8-11)
    A.   Ella proveyó para la necesidad de <u>comida</u>: pan (8)
    B.   Ella proveyó para la necesidad de un <u>lugar</u> para descansar y trabajar: aposento de paredes con una cama, una mesa, una silla, y un candelero (10-11)

III.   La bendición de hospitalidad
    A.   La <u>presencia</u> y compañerismo frecuente del hombre de Dios (8-11)
    B.   La apreciación y <u>preocupación</u> del hombre de Dios (12-14)
    C.   La <u>provisión</u> de Dios por la promesa del hombre de Dios (15-18)
    D.   La <u>protección</u> de su familia por la petición y obra del hombre de Dios (19-37)

LA ENTREVISTA DEL MISIONERO POR TELÉFONO

Nombre: _____

Fecha de llamada: _____ / _____ / _____

De Donde: _____

A Donde: _____

Fecha de la visita: _____ / _____ / _____

*No invites ninguno misionero
si no está listo a apoyar su ministerio.*

---

1. Ministerio
    a. Sus estudios
        i.   Universidad - _____
        ii.   Seminario - _____
        iii. Otro - _____
    b. Su experiencia
        i.   Las Iglesias - _____
              _____
              _____

        ii.   Los ministerios - _____
              _____
              _____

    c. Su Iglesia Principal
        i.   Nombre - _____
        ii.   Pastor - _____
        iii. Lugar - _____
    d. Su agencia
        i.   Nombre - _____
        ii.   Lugar - _____

e.   Su ministerio
    i.   País - _____
    ii. Pueblo - _____
    iii. Tipo de Ministerio
       ❑ Iglesia ❑ Escuela ❑ Otro _____
    iv. Nombre - _____

2.   Doctrina
   ¿Qué crees sobre ...?
   a.   Las Escrituras (inspiración, autoridad, interpretación, aspecto práctico, versiones, etc.)

_____

_____

_____

   b.   Dios y la Trinidad (creación, igualdad, atributos, etc.)

_____

_____

_____

   c.   La salvación (la fuente de, como ser salvo, seguridad eternal, etc.)

_____

_____

_____

   d.   La iglesia (autoridad/liderazgo, proposito/meta, etc.)

_____

_____

_____

   e.   La separación (eclesiástica, personal - doctrina, practica, música, etc.)

_____

_____

_____

3.   Horario
  a.   ¿Cuándo estará en el área?

_____/_____/_____ A _____/_____/_____

  b.   ¿Cuáles cultos están disponibles?
     ❏ ED, ❏ AM, ❏ PM, ❏ Mie
     Otros - _____

  c.   ¿En cuál ministerios a él le gusta participar?
     ❏ Testimonio - _____
     ❏ Presentación del ministerio - _____
     ❏ Música - _____
     ❏ Enseñar/Predicar - _____

  d.   ¿Cuáles son las necesitas (hospitalidad)?
     ❏ Vivienda ❏ Comidas ❏ Otra _____
     i.   ¿Cuántas personas? - _____
     ii. Cosas especiales - _____

4.   Presupuesto/Apoyo
  a.   ¿Cuánto necesidades mensual? - $_____
  b.   ¿Cuánto tiene en porciento? - _____%

Las Notas

_____
_____
_____
_____
_____
_____
_____
_____
_____
_____
_____
_____
_____
_____
_____
_____
_____
_____

LAS PREPARACIONES
PARA LAS VISITAS MISIONERAS

Filemón 1:22
22 Prepárame también alojamiento;
porque espero que por vuestras oraciones os seré concedido.

I.   El tiempo de la visita
   A.   Hacer una fecha en que el misionero está en el área
       *Para que él no tenga que gastar mucho tiempo ni dinero en su viaje
   B.   Hacer una fecha en que los miembros de la iglesia puedan participar completamente
       *Ser cuidadoso de los días feriados y los tiempos de vacación
   C.   Hacer el culto o los cultos con suficiente tiempo para presentar su testimonio, familia, y ministerio
       *Cuando posible, tenga el misionero en los tres cultos del domingo para que haya más tiempo en que los miembros y el misionero se puedan conocer.

II.   El ministro de la visita
   A.   El ministerio de la iglesia al misionero (III Juan 1:5-8)
       *El servicio que está según el deseo del siervo en vez del receptor no es servicio verdadero
       1.   Ella debe recibir al misionero con gozo y hospitalidad
       2.   Ella debe cubrir los gastos del misionero para llegar, quedarse, y llegar a su destinación próxima
       3.   Ella debe prestar atención con mucho interés en su instrucción y presentación
       4.   Ella debe proveer vivienda adecuada para el misionero y su familia
           *Vivienda no es únicamente una cama, sino un segundo hogar en que la familia puede tener descanso, privacidad, y compañerismo cristiano según sus necesidades
           *Vivienda incluye las comidas pero hay veces en que la comida sencilla es lo mejor para la familia (siempre verificar si hay alergias o comida que no desea)

5. Ella debe <u>recibir</u> una ofrenda para su ministerio en la Palabra para ellos

6. Ella puede <u>proveer</u> las necesidades y/o regalos para animarlo en su viaje y ministerio

B. El ministerio del <u>misionero</u> a la iglesia (Hechos 14:26-28)

1. Los <u>ministerios</u> en que puede ministrar

   *Las habilidades de los misioneros son diferentes, por lo tanto, ellos no deben ser puestos en una caja de expectativas ni comparados uno por el otro

   a. La <u>predicación</u> - Importante para que la iglesia pueda conocer su habilidad de ministrar con la Palabra

   b. La <u>instrucción</u> - Importante para que los estudiantes puedan tener interacción personal con el misionero

   c. El <u>ministerio</u> de los niños/jóvenes - Importante para que los niños/jóvenes puedan tener una vista de misiones

   d. El <u>testimonio</u> - Importante para que los miembros puedan saber su preparación y llamado al ministerio

   e. La <u>presentación</u> del ministerio - Importante para que los miembros puedan conocer su ministerio y planes y para que ellos estén desafiados de servir a Dios con la misma dedicación

   f. La <u>música</u> - Únicamente si él tiene la habilidad verdadera y deseo de hacerla

   g. La <u>visitación</u> - Únicamente si él tiene el tiempo para participar sin afectar sus otros ministerios y viaje

   h. Las <u>actividades</u> especiales y casuales (banquetes, picnic, labor física, etc.) - Es un beneficio de conocer al misionero afuera del tema de misiones, y permitirle servir y disfrutar los otros ministerios de la iglesia

2. Las <u>maneras</u> en que él puede ministrar

   *Por el servicio del misionero, la iglesia puede ver su corazón de servicio al Señor y a los demás

   a. La predicación/instrucción de la <u>Palabra</u>

   b. Una presentación/explicación de su <u>ministerio</u>

   c. Una mesa de <u>información</u>

   d. La <u>música</u> especial

   e. Un programa especial para los <u>niños/jóvenes</u>

EL MINISTERIO DE MISIONES EN LA IGLESIA

f.   <u>Compañerismo</u> cristiano casual (en casa, restaurante, etc.)

g.   La <u>labor</u> en los proyecto físicos de la iglesia (si lo hay y él tiene la habilidad)

INFORMACIÓN DEL MISIONERO

Nombre del Misionero _____

Iglesia Principal _____

País del Ministerio _____

Junta de Misión _____

Información del Contacto

de Celular _____ | # de Casa _____

Correo Electrónico _____

Página de Red _____

Archivo de Comunicación

Fecha _____ Tipa _____ Resultado _____

Fecha _____ Tipa _____ Resultado _____

Fecha _____ Tipa _____ Resultado _____

Fecha _____ Tipa _____ Resultado _____

Información de Visita

Fecha de Visita _____ | Tipo de Visita _____

Culto	Tiempo	Participación en el Ministerio
ED	_____	Video / Testimonio / Predicar / Exposición / _____
AM	_____	Video / Testimonio / Predicar / Exposición / _____
PM	_____	Video / Testimonio / Predicar / Exposición / _____
Mie	_____	Video / Testimonio / Predicar / Exposición / _____
	_____	Video / Testimonio / Predicar / Exposición / _____
	_____	Video / Testimonio / Predicar / Exposición / _____

Fecha de la llamada de Confirmación _____

Información de la Familia

La Esposa del Misionero _____

Los Niños del Misionero

_____	F / M Edad _____
_____	F / M Edad _____
_____	F / M Edad _____
_____	F / M Edad _____

Dirección Postal

Calle _____

Pueblo _____ | Estado _____ | Zip _____

Dirección En el Campo Misionero

Calle _____

Pueblo _____ | Estado _____ | Zip _____

Información de la Iglesia Principal

Nombre del Pastor _____

Calle _____

Pueblo _____ | Estado _____ | Zip _____

Telefónico _____ | # de Fax _____

Correo Electrónico _____

Página de Red _____

Preguntas por la Hospitalidad

1.   ¿Hay alergias? _____

2.   ¿Hay preferencias de la comida? _____
     _____

3.   ¿Hay necesidades especificas de la familia? _____
     _____

Información de la Hospitalidad

Lugar/Familia de Vivienda _____

Sr. _____   Sra. _____

Calle _____

Pueblo _____   Estado _____   Zip _____

Telefónico _____   # de Fax _____

Fecha de Llegar _____   Tiempo de Llegar _____

Fecha de Departir _____   Tiempo de Departir _____

Las Notas Especiales _____

Las Comidas

Tipo _____   Nombre/Lugar _____

Calle _____

Pueblo _____   Estado _____   Zip _____

Tipo _____   Nombre/Lugar _____

Calle _____

Pueblo _____   Estado _____   Zip _____

Tipo _____   Nombre/Lugar _____

Calle _____

Pueblo _____   Estado _____   Zip _____

Las Notas

COMO PROGRAMAR UNA CONFERENCIA MISIONERA

I. Las Básicas
    A. Elegir el tiempo
        1. Las fechas del año
            a. Hacer un tiempo en que lo más posible estén disponibles para participar
            b. Hacer un tiempo que esté apropiado para hacer un presupuesto misionero y aceptar nuevos misioneros al ministerio
        2. Opción #1 - Un enfoque de una semana
            a. Decidir cuantos días la conferencia durarán
            b. Decidir cuales son los días más cómodos para participación (Todos los días, Dom. al Mie., Mie. al Dom., Vie. al Dom, etc.)
                (1) De los predicadores y los misioneros
                (2) De los miembros
            c. Decidir cuales son los días necesarios para realizar los ministerios y las actividades
        3. Opción #2 - Un enfoque de un mes
            a. Decidir el mes en que los domingos estén disponibles para tener visitas de los misioneros
            b. Decidir los eventos especiales que van a incluir a los misioneros
    B. Elegir los predicadores/misioneros
        1. Decidir si tendrá un predicador especial por todo el tiempo
            a. El predicador especial puede predicar todos los mensajes principales para que el tema esté bien declarado
            b. El predicador especial puede impedir la oportunidad para cada misionero a compartir en el ministerio de predicación
        2. Decidir cuantos misioneros va a invitar
            a. No tenga más misioneros que las oportunidades para presentar su ministerio completamente
            b. No tenga más misioneros de los que puede proveer adecuadamente por sus viajes y viviendas

3. Decidir los <u>tipos</u> de misioneros que van a invitar
   a. Los <u>nuevos</u>
      (Algunas iglesias mandan que si van a apoyar un misionero, ellos tienen que participar en su conferencia misionera para que puedan pasar más tiempo con ellos y conocerlos mejor)
      (1) Ellos pueden llevar energía y anticipación por lo que Dios va a hacer en el futuro
      (2) Ellos pueden llevar un buen ejemplo de servicio y fe para la generación corriente
      (3) Ellos pueden llevar nuevas opciones para amplificar el ministerio de misiones por apoyarlos
   b. Los <u>veteranos</u>
      (1) Ellos pueden llevar historias de fe y la fidelidad de Dios
      (2) Ellos pueden llevar profundidad en el entendimiento de las Escrituras y el ministerio
      (3) Ellos pueden llevar ánimo por continuar de participar en el ministerio de Dios a través del mundo
C. Elegir un <u>tema</u>
   1. El debe estar <u>cimentado</u> en las Escrituras
   2. El debe ser <u>claro</u> y <u>corto</u>
   3. El debe <u>animar</u> participación
   4. Él debe <u>declarar</u> el enfoque del ministerio por el año
D. Elegir las <u>metas</u>
   1. Ellas tienen que estar <u>cimentadas</u> en las Escrituras
   2. Ellas tienen que estar <u>conectadas</u> con el tema
   3. Ellas tienen que <u>incluir</u> toda la Gran Comisión (en casa y a través del mundo)
   4. Ellas tienen que ser <u>razonables</u> y prácticas
   5. Ellas tienen que <u>incluir</u> todos los miembros

II. El programa
A. Organizar un programa para las <u>oportunidades</u> de predicar o enseñar
   1. <u>Con</u> un "predicador especial"
      a. Establecer la cantidad de oportunidades que el predicador especial presentará los menajes principales
      b. Establecer un programa en lo que los misioneros pueden participar en las clases, la iglesia de los niños, los eventos especiales, etc.

2. <u>Sin</u> un "predicador especial"
    a. Cada misionero puede predicar un mensaje principal
    b. Cada misionero que no está predicando puede enseñar en los clases, iglesia de los niños, etc.

B. Organizar un tiempo para que cada misionero puedan <u>presentar</u> su ministerio adecuadamente
(El tiempo debe ser suficiente largo que ellos pueden comunicar algunos detalles importantes - 10-15 min.)
1. Presentar su <u>testimonio</u> personal y de su llamado al ministerio
2. Presentar su <u>ministerio</u> por introducción y video
3. Contestar <u>preguntas</u> sobre su vida y ministerio

C. Organizar las <u>actividades/ministerios</u> especiales en que los misioneros pueden participar
1. Las actividades/ministerios que incluyen la <u>iglesia</u>
    a. Música especial
    b. Banquetes
    c. Preguntas y Respuestas
    d. Visitación
    e. Actividades de los niños/jóvenes
2. Las actividades especiales para los <u>misioneros</u>
    a. Visitar lugares históricos
    b. Tener tiempo con su familia
    c. Disfrutar tiempo como misioneros unidos

D. Organizar y comunicar los <u>detalles</u> de la conferencia
1. Comunicación con la <u>iglesia</u>
    a. Comunicar las fechas, el tema, etc. semanas en adelante
    b. Imprimir rótulos con el tema
    c. Imprimir boletines con las fotos e información de cada predicador/misionero
2. Comunicación con los <u>predicadores/misioneros</u>
    a. Enviar cartas con el tema y las metas de la conferencia semanas antes
    b. Enviar cartas con las detalles y responsabilidades especificas para cada predicador/misionero
    c. Proveer un paquete de detalles imprimidos a cada predicador/misionero
        (1) Información de la iglesia (# de contacto, nombres de pastores y diáconos, etc.)

        (2) Información de vivienda (mapa, nombre, info. de contacto, etc.)

        (3) Programa de las oportunidades de predicar, enseñar, presentar el ministerio, etc.

        (4) Programa detallada de las expectativas y citas del ministerio

        (5) Mapas (farmacias, gasolineras, tiendas, restaurantes, etc.)

E.   Organizar la preparación de las facilidades

   1. Montar los rótulos con el tema

   2. Montar las fotos, etc. de los misioneros (que vienen y que se apoya)

   3. Montar las banderas de los países que tienen misioneros que se apoya

   4. Montar mesas y limpiar áreas para que los misioneros puedan montar sus mesas de información

   5. Montar la pantalla y verificar el sistema de sonido para las presentaciones de video

   6. Montar las decoraciones y preparar las mesas y sillas para un banquete o los otros eventos especiales

F.   Organizar oportunidades para la iglesia a expresar su apreciación y amor para con los predicadores/misioneros

   1. Ofrendas

   2. Hospitalidad

   3. Regalos (fiesta de cumpleaños)

III.   Vivienda

(Proveer los nombres, los mapas, e información de contacto)

A.   Investigar cuando cada predicador/misionero puede llegar y tienen que salir

B.   Preparar lugares (cuarto/casa/hotel) adecuados por cada predicador/misionero y su familia

   1. Preguntar sobre alergias

   2. Preguntar para las necedades y preferencias especificas

C.   Organizar/proveer alimento

   1. Preguntar sobre alergias y preferencias

   2. Preparar y proveer un programa detallado de las comidas preparadas por la iglesia y los miembros

   3. Proveer meriendas y comida para las comidas que no estarán preparadas por la iglesia ni los miembros

La Conferencia Misionera

Las Fechas: _____ a _____
Los Días: Dom., Lun., Mar., Mie., Jue., Vie., Sab.

El Tema: _____

Predicador _____	
# de Tel. _____	Su Ministerio: _____
Llegar: _____	Partida: _____
Misionero #1 _____	
# de Tel. _____	Su Ministerio: _____
Llegar: _____	Partida: _____
Misionero #2 _____	
# de Tel. _____	Su Ministerio: _____
Llegar: _____	Partida: _____
Misionero #3 _____	
# de Tel. _____	Su Ministerio: _____
Llegar: _____	Partida: _____
Misionero #4 _____	
# de Tel. _____	Su Ministerio: _____
Llegar: _____	Partida: _____
Misionero #5 _____	
# de Tel. _____	Su Ministerio: _____
Llegar: _____	Partida: _____

Escuela Dominical		
Clase	Misionero	Cuarto
Adultos		
Jóvenes		
Otro: _____		
Otro: _____		
Otro: _____		

Domingo AM		
Ministerio	Misionero	Cuarto
Testimonio		
Presentación		
Música Especial		
Predicación		
Iglesia de los Niños		
Otro: _____		

Domingo PM		
Ministerio	Misionero	Cuarto
Testimonio		
Presentación		
Música Especial		
Predicación		
Iglesia de los Niños		
Otro: _____		

Miércoles PM		
Clase	Misionero	Cuarto
Adultos		
Jóvenes		
Otro: _____		
Otro: _____		
Otro: _____		

Culto Especial: _____		
Ministerio	Misionero	Cuarto
Testimonio		
Presentación		
Música Especial		
Predicación		
Iglesia de los Niños		
Otro: _____		

Culto Especial: _____		
Ministerio	Misionero	Cuarto
Testimonio		
Presentación		
Música Especial		
Predicación		
Iglesia de los Niños		
Otro: _____		

LOS RESULTADOS DE LA CONFERENCIA

La Asistencia	
Escuela Dominical: _____	Miércoles PM: _____
Domingo AM: _____	Culto Especial: _____
Domingo PM: _____	Culto Especial: _____

Las Ofrendas	
La ofrenda de toda la semana	$ _____
La ofrenda/Honorarios para el predicador	$ _____
La ofrenda/Honorarios para el misionero #1	$ _____
La ofrenda/Honorarios para el misionero #2	$ _____
La ofrenda/Honorarios para el misionero #3	$ _____
La ofrenda/Honorarios para el misionero #4	$ _____
La ofrenda/Honorarios para el misionero #5	$ _____

Las Tarjetas de Declaración por Fe (Gracia)

La Meta $ _____   El Total Global $ _____

Niños $ _____   Jóvenes $ _____   Adultos $ _____

Los Misioneros Apoyados

El Misionero	Antes	Si Ahora	? Futuro	No
#1 _____	$ _____	$ _____	❑	❑
#2 _____	$ _____	$ _____	❑	❑
#3 _____	$ _____	$ _____	❑	❑
#4 _____	$ _____	$ _____	❑	❑

EL PUESTO Y LA HONRA DEL MISIONERO

**La iglesia debe reconocer el puesto del misionero
y honrarlo como el hombre de Dios.**

Romanos 10:13-15
*13 porque todo aquel que invocare el nombre del Señor,
será salvo.*
*14 ¿Cómo, pues, invocarán a aquel en el cual no han creído?
¿Y cómo creerán en aquel de quien no han oído?
¿Y cómo oirán sin haber quien les predique?
15 ¿Y cómo predicarán si no fueren enviados?
Como está escrito:*
*¡Cuán hermosos son los pies de los que anuncian la paz,
de los que anuncian buenas nuevas!*

I. El <u>puesto</u> del misionero - Romanos 10:13-15
   A. Él es <u>predicador</u> de las *"buenas nuevas"*
      "¿Y cómo oirán sin haber quien les predique? ¿Y cómo predicarán ..."
      1. I Timoteo 2:7 - <u>Ordenado</u> por Dios para enseñar la fe y la verdad
      2. II Timoteo 1:11-12 - <u>Constituido</u> por Dios para enseñar el Evangelio
   B. Él es <u>embajador</u> de *"la paz"*
      *Proverbios 13:17
      *Mateo 9:38
      1. Hechos 13:1-4 - <u>Represente</u> el mensaje del otro
         a. <u>Enviado</u> por Dios
           *Juan 20:21
           *Hechos 9:15-16, 22:20, 26:15-18
           *Hechos 14:26, 15:39 - Él es encomendado a la gracia de Dios
         b. <u>Despedido</u> por la iglesia
           *Sin el misionero, la iglesia no puede realizar todo su propósito
      2. Efesios 6:19-20 - <u>Va</u> a las áreas extranjeras y peligrosas

C. Él es <u>ministro</u> (siervo) por ser *"envidado"*
*II Corintios 4:5
1. Romanos 15:15-16 - Ministra por <u>Jesucristo</u> por ministrar el Evangelio
2. Efesios 3:7-8 - Ministra por la <u>gracia</u> de Dios para predicar de las inescrutables riquezas de Cristo (el evangelio)
3. Colosenses 1:23-25 - Ministra por la <u>administración</u> de Dios para anunciar la Palabra de Dios

II. La <u>honra</u> del misionero - Romanos 10:15b
"¡Cuán hermosos son los pies de los que anuncian la paz, de los que anuncian buenas nuevas!"
*Isaías 52:7
*Nehum 1:15
A. Honrado porque sus <u>pies</u> se llevan
B. Honrado porque su <u>boca</u> anuncia
*Por lo tanto, él debe recibir la honra bíblica por su ministerio y servicio - II Corintios 8:23-24, I Timoteo 5:17-18, II Timoteo 2:1-11
1. La paz
2. Las buenas nuevas

III. La <u>influenza/autoridad</u> del misionero
A. Mantener el puesto y <u>ministerio</u> en su iglesia principal - Hechos 13:1-3, 14:28, 15:35, 18:22-23
B. Predicar el Evangelio y <u>empezar</u> las iglesias - Hechos 13:4-14:25
C. <u>Confirmar</u> las iglesias - Hechos 14:22, 15:41, 18:23
D. <u>Ordenar</u> a los pastores - Hechos 14:23, Tito 1:5
E. <u>Confrontar</u> a aquellos en error - Hechos 15:1-2, Gálatas 2:11
*Excluyendo en su iglesia principal y otros líderes espirituales
F. <u>Representar</u> a las iglesias - Hechos 11:29, 12:25, 15:3-6, 23-35
G. <u>Compartir</u> su experiencia y consejo - Hechos 15:7-22 (12)
*Bernabé está nombrado antes que Pablo y tenía la oportunidad de compartir aunque no era Apóstol
H. <u>Avisar</u>, enseñar, y encomendar a Dios a los pastores - Hechos 20:16-38

COMO SER UNA BENDICIÓN AL MISIONERO

Mateo 7:12
12 Así que,
todas las cosas que queráis que los hombres hagan con vosotros,
así también haced vosotros con ellos;
porque esto es la ley y los profetas.

I Timoteo 5:17
17 Los ancianos que gobiernan bien,
sean tenidos por dignos de doble honor,
mayormente los que trabajan en predicar y enseñar.

I.   Reconocer
    A.   Reconozca que él es siervo de <u>Dios</u>, entonces *trátalo* como embajador del Rey de reyes
    B.   Reconozca que él es tu <u>hermano</u>, entonces *trátalo* como familia
    C.   Reconozca que sus <u>tribulaciones</u> y <u>cargas</u> son reales, entonces *trátalo* como compañero en la batalla

II.   Comunicar
    A.   Contestar y responder personalmente a sus <u>llamadas</u>
    B.   Contestar y responder personalmente a su <u>correspondencia</u> (carta, correa electrónica, etc.) sin tardar
    C.   Compartir las <u>expectativas</u> y los planes para el futuro (apoyo, etc.)
    D.   Pedir sobre sus <u>necesidades</u> y aquellas de su familia
    E.   Compartir con <u>él</u> y su <u>familia</u> mientras su visita
    F.   Comunicar sobre él a la iglesia y a él en conversaciones privadas con <u>respeto</u> (usa los títulos apropiados: Pastor, Misionero, etc.)
    G.   Continuar a compartir con él <u>después</u> su visita (recibir y leer sus cartas de oración)

III.   Cuidar
    A.   <u>Recordar</u> y preparar a la gente por su visita
    B.   <u>Proveer</u> adecuadamente por su visita y por su vida y ministerio en el campo

C. Entender y ser flexible y una ayuda para las necesidades de su familia
*Enviar expresiones de su cuida a la familia cuando esté en el campo

D. Ser sincero y real en las conversaciones (hacer lo que diga que va a hacer)

E. Buscar las oportunidades de animar y exhortar (en vez de criticar) cuando esté visitando y cuando está en el campo

F. Ofrecer y proveer por algunas oportunidades para descansar, recuperarse, y tener diversión

G. Mantenerlo delante de la gente durante todo el año (pared con su información y cartas, tiempo específico de oración durante la semana, programa de adopción, comunicación en las ocasiones especiales)

I Juan 3:16-18

16 En esto hemos conocido el amor,
en que él puso su vida por nosotros;
también nosotros debemos poner nuestras vidas por los hermanos.
17 Pero el que tiene bienes de este mundo
y ve a su hermano tener necesidad,
y cierra contra él su corazón,
¿cómo mora el amor de Dios en él?
18 Hijitos míos, no amemos de palabra ni de lengua,
sino de hecho y en verdad.

EL LLAMAMIENTO DEL MISIONERO
EN HECHOS
POR EL EJEMPLO DE PABLO

**La iglesia debe realizar su ministerio
de discipular a los creyentes
para que estén dispuestos para recibir el llamado de Dios
por el ministerio.**

I Timoteo 1:12
*12 Doy gracias al que me fortaleció, a Cristo Jesús nuestro Señor,
porque me tuvo por fiel, poniéndome en el ministerio,*

I.   El llamado a ... (9:1-16, 26:12-30)
    A.   La salvación (9:4-6, 26:14-15)
    B.   El servicio (9:15-16, 26:16-18)

II.   El llamado confirmado (13:1-4)
*Pabló recibió su llamado para ser "misionero" aproximadamente ocho años antes que estaba enviado por la iglesia y el Espíritu Santo en su primer viaje misionero con Bernabé
    A.   Confirmado por los líderes espirituales (1)
       1.   Profetas
       2.   Maestros
    B.   Confirmado mientras que estaba participando en la obra (2a)
       1.   Ministrando
       2.   Ayunando
    C.   Confirmado por el Espíritu Santo (2b)
       1.   Mandato de apartarse
       2.   Mandato de cumplir una obra específica
    D.   Confirmado por la dedicación de los líderes espirituales (3a)
       1.   Por ayunar
       2.   Por orar
       3.   Por poner sus manos sobre ellos
       4.   Por enviarlos

III. El llamado <u>obedecido</u> (13:4-5)
- A. Por la dirección y poder del <u>Espíritu</u> <u>Santo</u>
- B. Por ir al <u>mundo</u>
- C. Por <u>anunciar</u> la Palabra de Dios
- D. Por <u>incluir</u> a otros en su ministerio

IV. El llamado al lugar/gente <u>específico</u>
*El llamado de Felipe al desierto, y de Pablo a Macedonia
*El llamado para cumplir un ministerio especifico, no para ministrar en general
- A. El ministro estaba <u>ministrando</u> antes
  1. Felipe - Predicando en Samaria (8:1-25)
  2. Pablo - Predicando en muchos pueblos (15:40-16:6)
- B. El ministro tenía que <u>ir</u> a un sitio a que no estaba planeando de ir
  1. Felipe - Salir Samaria para ir al camino intermedio Jerusalén y Gaza (8:26)
  2. Pablo - El Espíritu Santo no le permitió ir a Asia ni Bitinia (16:6-7)
- C. El ministro <u>recibió</u> la noticia sobre la necesidad de la gente
  1. Felipe - Informado por un ángel (8:26)
  2. Pablo - Informado por sueño (16:9)
- D. El ministro <u>obedeció</u> inmediatamente por ir al sitio/persona
  1. Felipe - El se levantó y se fue (8:27)
  2. Pablo - Él salió lo más pronto posible para llegar a Macedonia (16:10-12)
  *Dando por cierto que Dios nos llamaba para que les anunciásemos el evangelio.
- E. El ministro <u>encontró</u> alguien buscando a Dios
  1. Felipe - El eunuco estaba estudiando Isaías (8:28-31)
  2. Pablo - Lidia adoró a Dios y prestó atención al mensaje del ministro (16:13-14)
- F. El ministro <u>cumplió</u> su llamado por presentar el Evangelio, y bautizar a los nuevos creyentes
  1. Felipe - El eunuco aceptó a Jesús y estaba bautizado (8:32-40)
  *Él continuó a ministrar en otros pueblos inmediatamente después por la dirección del Espíritu Santo
  2. Pablo - Lidia aceptó a Jesús y estaba bautizada (16:13-15)

LOS REQUISITOS DEL MISIONERO

I Corintios 9:26-27

26 Así que, yo de esta manera corro, no como a la ventura;
de esta manera peleo, no como quien golpea el aire,
27 sino que golpeo mi cuerpo, y lo pongo en servidumbre,
no sea que habiendo sido heraldo para otros,
yo mismo venga a ser eliminado.

II Corintios 6:1-10 (3-4)

3 No damos a nadie ninguna ocasión de tropiezo,
para que nuestro ministerio no sea vituperado;
4 antes bien, nos recomendamos en todo como ministros de Dios ...

Santiago 3:1

Hermanos míos, no os hagáis maestros muchos de vosotros,
sabiendo que recibiremos mayor condenación.

I. Los misioneros en generales (Hechos 9:4-18, 13:1-4, 26:14-18)
   A. Una persona salvada (9:4-17, 26:14-15)
   B. Una persona obediente (9:18)
   C. Una persona llamada (9:15-16, 26:16-18)
      *Seguro que es en la voluntad de Dios por la confianza del Espíritu Santo
   D. Una persona participando en el ministerio (13:1-2)
   E. Una persona dedicada a la oración (ayunar) (13:2)
   F. Una persona reconocida por los de más como llamado por el Espíritu Santo (13:3)

II. Los misioneros en el ministerio en general (Tito 2:1-4)
   *Es la "*sana doctrina*" que produce la vida pura para cada creyente
   A. El misionero (2)
      1. Sobrio - (Strong #3524) *"circunspecto:—prudente"*
         "1 [persona] Que no es exagerado en su forma de actuar, especialmente al comer y al beber." (Diccionario Escolar Lengua Española, VOX, 2000)

2. <u>Serio</u> - (Strong #4586) *"venerable, i.e. honorable:—serio, honesto."*
   *"1 Que tiene un aspecto severo y sobrio ... 2 Que es responsable y riguroso, y obra pensando bien sus actos, sin hacer bromas y sin tratar de engañar ... 4 Que es grave o importante, o que provoca preocupación ..." (Diccionario Escolar Lengua Española, VOX, 2000)

3. <u>Prudente</u> (Discreción) - (Strong #4998) *"seguro (sano) de mente, i.e. que se domina a sí mismo (moderado en cuanto a opinión o pasión)"*
   *"Que muestra buen juicio y madurez en sus actos y obra con moderación." (Diccionario Escolar Lengua Española, VOX, 2000)

4. <u>Sano</u> ... - (Strong #5198) *"tener buena salud, i.e. estar bien (en cuerpo); fig. ser incorrupto (fiel en doctrina)"*
   *"Que está entero, que no tiene ningún defecto. Que es sincero y tiene buena intención." (Diccionario Escolar Lengua Española, VOX, 2000)
   a. En la <u>fe</u>
   b. En el <u>amor</u>
   c. En la <u>paciencia</u>

B. La <u>misionera</u> (3-4a)

1. <u>Reverentes</u> (Reverenciar) - (Strong #2412) *"de 2413 y lo mismo que 4241"*
   **Strong #2413 - "sagrado"
   **Strong #4241 - "elevarse (ser conspicuo), i.e. (por impl.) ser apropiado o propio"
   *"Mostrar respeto o veneración por una persona o una cosa a la que se estima ..." (Diccionario Escolar Lengua Española, VOX, 2000)

2. No <u>calumniadora</u> (Calumniar) - (Strong #1228) *"calumniador; espec. Satanás"*
   *"Acusar falsamente a alguien con la intención de causarle daño." (Diccionario Escolar Lengua Española, VOX, 2000)

3. No <u>esclava</u> del vino
   a. Esclava - (Strong #1402) *"esclavizar (lit. o fig.):—reducir a servidumbre"*
      *"1 [persona] Que carece de libertad y derechos propios por estar sometido de manera absoluta a la voluntad y el dominio

de otra persona. 2 [persona] Que carece de libertad por estar sometido a la voluntad de otra persona, a una forma de vida opresiva o a un vicio ..." (Diccionario Escolar Lengua Española, VOX, 2000)

    b.   Vino - (Strong #3631) *"lagar"*

    **"Bebida alcohólica obtenida de la fermentación del zumo de la uva"* (Diccionario Escolar Lengua Española, VOX, 2000)

4.   <u>Maestra</u> del bien

    a.   Maestra - (Strong #2567) *"de 2570 y 1320"* - 1320 *"instructor (gen. o espec.):—doctor, maestro, padre (de familia)"*

    **"2 Persona que se dedica a la enseñanza y que tiene título para ello, especialmente la que enseña en la escuela primaria. 3 Persona de gran experiencia en una materia ... 7 Persona que se dedica a torear."* (Diccionario Escolar Lengua Española, VOX, 2000)

    b.   Bien - (Strong #2567) *"de 2570 y 1320"* - 2570 *"hermoso, pero principalmente (fig.) bueno (lit. o mor.), i.e. valioso o virtuoso (por apariencia o uso, y así distinguido de 18; que es prop. intrínseco:—recto, honradamente, honroso, mejor, bien, bueno."*

    **"1 De modo adecuado o correcto; como moral o técnicamente se debe ... 10 Cosa que es útil o buena para una persona o un grupo y que produce felicidad: no seas egoísta y busca con el trabajo tu bien y el de los demás."* (Diccionario Escolar Lengua Española, VOX, 2000)

III.   Los <u>misioneros/pastores</u> (I Timoteo 3:1-7, Tito 1:6-9)

   *I Timoteo 3:1 **Palabra fiel: Si alguno anhela obispado, buena obra desea.**

    *I Timoteo 3:2 **Pero es necesario que el obispo sea irreprensible ...**

    *Tito 1:6 **El que fuere irreprensible ...**

      *Irreprensible - (Strong #423) *"no arrestado, i.e. (por impl.) inculpable:—sin reprensión"* ()

        **"No puede ser llamado a rendir cuentas ... sin acusación alguna, com resultado de una investigación publica ... Implica no una mera absolución, sino la inexistencia de cualquier tipo de cargos o de acusación en contra de una persona ..." *(Vine)*

A. Los requisitos para la vida <u>privada</u> del misionero/pastor (y su familia) (I Timoteo 3:2, 4-5, Tito 1:6)

1. ***<u>Marido</u> de una sola mujer*** *(I Timoteo 3:2, Tito 1:6)*
✎*El hombre de Dios debe ser un hombre de una sola mujer. Este requisito incluye, pero no es limitado, a los documentos legales del matrimonio. Un hombre de Dios debe ser dedicado en sus pensamientos, actitudes, emociones, y acciones a la esposa que Dios le ha dado.*

2. ***Que <u>gobierne</u> bien su casa, ... (pues el que no sabe gobernar su propia casa, ¿cómo cuidará de la iglesia de Dios?);*** *(I Timoteo 3:4-5)*
✎*El hombre de Dios debe ser un buen líder en su casa que cumple su responsabilidad de manejar su casa con toda diligencia.*

3. ***Que tenga a sus hijos en <u>sujeción</u> con toda honestidad*** *(I Timoteo 3:4)*
✎*El hombre de Dios debe mantener su liderazgo sobre sus niños. Sus niños deben estar en sumisión al liderazgo de su padre.*

4. ***Tenga hijos <u>creyentes</u> que no estén acusados de disolución ni de rebeldía*** *(Tito 1:6)*
✎*El hombre de Dios debe estar comprometido a criar a niños piadosos. Sus niños deben ser entrenados en la crianza y la admonición del Señor, y no ser dados a una vida perversa y rebelde.*

B. Los requisitos para la vida <u>pública</u> del misionero/pastor (su testimonio y ministerio) *(I Timoteo 3:2-3, 6-7, Tito 1:7-9)*
*Tito 1:7 **Porque es necesario que el obispo sea irreprensible ... como administrador de Dios***
☞*El predicador debe estar atento como el siervo de Dios y en la dependencia de Dios para cumplir el ministerio de Dios.*

1. ***<u>Sobrio</u>*** *(I Timoteo 3:3, Tito 1:8)*
✎*El hombre de Dios debe ser un hombre de los pensamientos bien firmados. No debe ser de doble ánimo en sus decisiones ni en su estilo de vivir. Debe exhibir la prudencia.*

2. ***<u>Prudente</u>*** *(I Timoteo 3:2)*
✎*El Hombre de Dios debe ser circunspecto y cuidadoso en sus palabras y acciones.*

3. **_Decoroso_** *(I Timoteo 3:2)*
✎*El hombre de Dios debe cumplir las buenas obras en una manera muy ordenada.*

4. **_Hospedador_** *(I Timoteo 3:2, Tito 1:8)*
✎*El hombre de Dios debe mantener un corazón de la generosidad que cuando se puede, abra su vida y casa igualmente a los amigos y fulanos. Es un sirviente de Dios, por lo tanto debe estar despuesto para servir a aquellos a quienes Dios le trae.*

5. **_Apto para enseñar_** *(I Timoteo 3:2)*
✎*El hombre de Dios debe tener la habilidad de comunicar la Palabra de Dios en una manera clara y completa para que los oidores puedan entenderla y aplicarla.*

6. **No _dado_ al vino** *(I Timoteo 3:3, Tito 1:7)*
✎*El hombre de Dios no puede participar en la bebida de alcohol ni consumir ninguna otra cosa que se forma adicción, ni los productos que se causen la falta de claridad de pensar. No debe ser "bajo la influencia del alcohol."*

7. **No _pendenciero_** *(I Timoteo 3:3, Tito 1:7)*
✎*El hombre de Dios no debe ser peleón. Debe ser un hombre que exhibe un deseo de vivir con todos hombres pacíficamente. Debe mantener el autocontrol sobre su humor y agresión.*

8. **No _codicioso_ de ganancias deshonestas** *(I Timoteo 3:3, Tito 1:7)*
✎*El hombre de Dios no debe enfocarse en los beneficios financieros ni tener el amor para el dinero.*

9. **_Amable_** *(I Timoteo 3:3)*
✎*El hombre de Dios debe ser gentil y paciente con los demás.*

10. **_Apacible_** *(I Timoteo 3:3)*
✎*El hombre de Dios debe buscar la paz en vez de disfrutar los conflictos con los demás.*

11. **No _avaro_** *(I Timoteo 3:3)*
✎*El hombre de Dios no debe buscar la ganancia propia en las cosas materiales ni desear las cosas que no son los suyos.*

12. **No _soberbio_** *(Tito 1:7)*
✎*El hombre de Dios no debe ser excesivamente seguro en sí, ni arrogante.*

13. **No _iracundo_** *(I Timoteo 3:3, Tito 1:7)*
✎*El hombre de Dios debe ser paciente y manso.*

14. **_Amante_ de lo bueno** *(Tito 1:8)*
✎*El hombre de Dios debe ser uno quien adora las cosas piadosas. Él debe intentar de rodearse con las cosas y las personas que continuarán a ayudarlo madurar personalmente y en el ministerio.*

15. **_Justo_** *(Tito 1:8)*
✎*El hombre de Dios debe ser recto y exhibir la rectitud en sus decisiones y consejo.*

16. **_Santo_** *(Tito 1:8)*
✎*El hombre de Dios debe tratar de exhibir la santidad de su Señor a través de su vida. Debe exhibir una vida de la separación de la lujuria de los ojos, la lujuria de la carne, y el orgullo de la vida.*

17. **_Dueño_ de sí mismo** *(Tito 1:8)*
✎*El hombre de Dios debe tener control de sus deseos y pasión. Debe ser un hombre que es disciplinado personalmente.*

18. **No un _neófito_** *(I Timoteo 3:6)*
"No sea que envaneciéndose caiga en la condenación del diablo."
✎*El hombre de Dios debe ser un creyente maduro que tiene profundidad en su entendimiento y uso de la Palabra de Dios.*

19. **_Retenedor_ de la palabra fiel tal como ha sido enseñada** *(Tito 1:9)*
"Para que también pueda exhortar con sana enseñanza y convencer a los que contradicen"
✎*El hombre de Dios debe ser cimentado firmemente en las doctrinas de las Escrituras hasta el punto de que no sería persuadido a cambiarse de las verdades ha sido enseñado.*
✎*El hombre de Dios debe ser capaz para usar su conocimiento de las Escrituras sabiamente y precisamente para edificar la vida espiritual de ellos a quien ministra y a confrontarlos a ellos que se aposen la Palabra de Dios.*

20. **Buen _testimonio_ de los de afuera** *(I Timoteo 3:7)*
"... para que no caiga en descrédito y en lazo del diablo."
✎*El hombre de Dios debe mantener un testimonio puro delante de los incrédulos para que no haya daño al ministerio de Dios ni que el Diablo tenga oportunidad de atacar.*

Tito 1:9
Todas las requisitos para el hombre de Dios son
"*. . . Para que también pueda exhortar con sana enseñanza*
y convencer a los que contradicen"
Extra instrucción sobre el Ministro de Dios

☞El misionero debe ser amable cuando enfrente firmemente a aquellos en el pecado - II Timoteo 2:24-26, II Tesalonicenses 5:14

☞El misionero debe ser enfocado en establecer a cada creyente y ministerio para la protección de la doctrina falsa - Efesios 4:11-16

☞El misionero debe presentar la verdad constante mientras evitar las distracciones inútiles - I Timoteo 4:6-7

☞El misionero debe voluntariamente afrentar a aquellos que están viviendo contrario a la Palabrada de Dios - Gálatas 6:1-2, Santiago 5:19-20

*Strong, James. Nueva Concordancia Strong Exhaustiva: Diccionario. Nashville, TN: Caribe, 2002.
*Diccionario Escolar Lengua Española, VOX. Calabria, España: Biblograf, S.A., 2000.)
*Vine, W.E. Vine Diccionario Expositivo de Palabras Del Antiguo Y Del Nuevo Testamento Exhaustivo. Nashville: Editorial Caribe, 1999.

LOS PASOS PARA SER MISIONERO

I.   Preparar
  A. La Salvación - El misionero tiene que tener un testimonio de aceptar a Jesucristo como su salvador personal para que de verdad pueda servir a Dios (II Corintios 5:14-21)
  B. La Madurez - El misionero tiene que madurarse en su vida física y su vida espiritual para que tenga el la carácter cristiano para ser fiel en el ministerio de Dios (Lucas 2:52, Hebreos 5:12-14)
  C. El Entrenamiento - El misionero tiene que aprender las verdades bíblicas y prácticas por la vida cristiana y el ministerio de Dios y como compartirlas con los incrédulo y los creyentes (II Timoteo 2:1-3, 3:1-7, Tito 1:6-11)
      *El entrenamiento debe siempre estar conectado con la iglesia local, pero muchas veces incluye un tiempo de estudio especial en una universidad bíblica
  D. La Experiencia - El misionero tiene que poner su madurez y entrenamiento espiritual en práctica para ganar experiencia verdadera en el ministerio y probar su fidelidad (I Corintios 4:1-2, I Timoteo 3:6, 5:18)

II.   Reconocer
  A. El Reconocer Personal - El misionero tiene que tener el deseo de ministrar y reconocer que la voluntad (llamado) de Dios por su vida es de servirle por evangelizar a los incrédulos y edificar a los creyentes en el campo misionero (I Timoteo 1:12, 3:1)
      *Muchas veces Dios no solamente dirige al misionero al ministerio, sino también le da un deseo de ministrar en un lugar y grupo de personas específico (Hechos 16:6-10)
  B. El Reconocer Publico - El misionero tiene que ser reconocido por la iglesia (el liderazgo espiritual y la congregación) como un hombre (una mujer) de Dios que es fiel en vivir y ministrar para Dios y que Dios está guiándole (llamándole) al ministerio especial en el campo misionero (Hechos 13:1-4, 16:1-3)

III. Organizar
  A. La Iglesia Enviadora - El misionero tiene que recibir la confirmación de su iglesia local de ser enviado por ella al campo misionero para realizar el ministerio de la Gran Comisión (Mateo 28:18-20, Romanos 10:14-15, Hechos 13:1-4)
  *La iglesia enviadora puede ser la agencia enviadora por actuar como el representante espiritual y legal del misionero si tiene la capacidad de manejar toda las finanzas, los documentos legales, los seguros, etc.

  B. La Agencia Misionera - El misionero tiene que seleccionar una agencia misionera que es capaz de actuar como su representante espiritual a las iglesias apoyadores y al gobierno de su país y en el campo misionero (salario, impuestos, seguro, visa, etc.)

IV. Presentar
  A. El Solicitar - El misionero tiene que comunicar con pastores e iglesias para hacer citas y viajar a cada iglesia para presentar a si mismo y su ministerio
  B. El Informar - El misionero tiene que presentar las verdades bíblicas acerca del ministerio misionero y de si mismo (por testimonio) mientras presenta la necesidad espiritual del país en donde desea ministrar
  C. El Ministrar - El misionero tiene que buscar las oportunidades de ministrar a los incrédulos y a los creyentes (pastores, iglesias, etc.) con que se encuentra mientras que esté viajando para presentar su ministerio futuro
  D. El Preparar - El misionero tiene que empezar de prepararse espiritualmente y prácticamente (empacar, ganar la visa, investigar la vivienda en el país nuevo, etc.) por su mudanza al campo misionero

V. Ir/Discipular
  A. El Evangelizar - El misionero tiene que dedicarse a hacer contactos con los incrédulos y evangelizar los por presentar la Palabra de Dios (Marcos 16:15-16, I Corintios 1:22-25, 2:1-5, II Corintios 4:1-6)
  B. El Edificar - El misionero tiene que discipular (enseñar) a los creyentes por edificarlos con la Palabra e instrucción practica en como vivir para Dios y realizar Su ministerio (Mateo 28:18-20, Hechos 20:18-35 Efesios 4:11-24)

PREPARAR

SALVACIÓN ENTRENAR
MADURAR SERVIR

RECONOCER
PERSONALMENTE
PUBLICAMENTE

APROBACIÓN DE LA IGLESIA

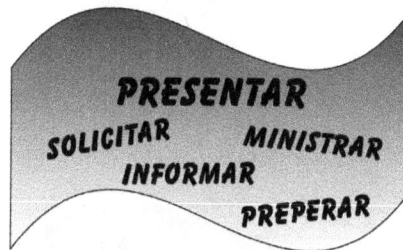

IGLESIA   AGENCIA

ORGANIZAR

PRESENTAR

SOLICITAR   MINISTRAR
INFORMAR
PREPERAR

DESPEDIDA POR LA IGLESIA

IR/DISCIPULAR
EVANGELIZAR
EDIFICAR

El Entrenamiento del Misionero
por Ejemplo de Pablo
en Hechos

**La iglesia debe hacer una inversión
de su tiempo y sus bienes
para preparar a los misioneros adecuadamente
antes que les envíen al campo.**

I.   El entrenamiento empieza con la conversión (9:1-17)

II. El entrenamiento necesita los primeros pasos de obediencia (9:18-19)

III. El entrenamiento tiene que estar mezclado con celo y habilidad verdadera (9:20-25)

IV. El entrenamiento incluye el tiempo para estudiar y con un mentor
    A. Estudiar - 3 años en el desierto (Gálatas 1:17-19)
    B. Mentor - Tiempo con Bernabé (9:26-27, 11:22-26, 12:25, 13:1-9)
       *II Timoteo 2:1-2

V.   El entrenamiento ofrece oportunidades por experiencias prácticas (11:29-30, 12:25)
    A. El viaje corto con Bernabé para llevar ayuda a la iglesia in Jerusalén de su iglesia en Antioquia

VI. El entrenamiento lleva al ministro a la aprobación de los otros líderes espirituales (13:1-3)
    A. La ordenación al ministerio (aprobado por las preguntas de los pastores y el voto de la iglesia)
    B. La licencia al ministerio

VII. *El entrenamiento continua a través todo el ministerio*
    *Filipenses 3:12-16

Entrenamiento Toma el Tiempo

♦ Moisés - <u>40</u> años en Egipto + <u>40</u> años en el campo
♦ Moisés y Josué - <u>40</u>+ años en el desierto
♦ Elías y Eliseo - <u>11</u> años en servicio
♦ Pablo - <u>8</u> años después su salvación (en el desierto y con Bernabé)

LA IGLESIA QUE PRODUCE A LOS LLAMADOS PARA EL MINISTERIO DE MISIONES

Mateo 9:37-38
37 Entonces dijo a sus discípulos:
A la verdad la mies es mucha, mas los obreros pocos.
38 Rogad, pues, al Señor de la mies,
que envíe obreros a su mies.

II Timoteo 2:1-2
1 Tú, pues, hijo mío,
esfuérzate en la gracia que es en Cristo Jesús.
2 Lo que has oído de mí ante muchos testigos,
esto encarga a hombres fieles
que sean idóneos para enseñar también a otros.

I. Obligarse a <u>Orar</u> (suplicación)
    A. Orar por el <u>evangelismo</u> de los incrédulos (I Timoteo 2:1-4, 8)
    B. Orar por el <u>crecimiento</u> y discipulado de los nuevos creyentes (Efesios 1:15-23, 3:1-13)
    C. Orar por el <u>llamado</u> de los creyentes (Mateo 9:37-38)
    D. Orar por la <u>fidelidad</u> al llamado (Efesios 6:18-19)

II. Enfocarse en <u>Evangelizar</u> (salvación)
    A. Todas las personas
        1. Los <u>niños</u> (Hechos 16:1, II Timoteo 1:5, 3:14-15)
        *Los niños que reciben el evangelio temprano puedan ser usados por Dios a través toda su vida
        2. Los <u>adultos</u> (Hechos 16:13-15)
        *Los adultos que reciben el evangelio puedan empezar inmediatamente de participar en el ministerio con su tiempo, bienes, etc.
    B. Todas las maneras
        1. <u>Predicación</u>
        2. <u>Instrucción</u> en las clases
        3. <u>Visitación/Solicitar</u>

4. <u>Contactos</u> diarios
5. <u>Ministerios</u> especiales
6. <u>Autobús</u>

III. Dedicarse en <u>Discipular</u> (santificación)
   A. <u>Todas</u> las personas
      1. Los <u>niños</u> (II Timoteo 1:5, 3:14-17)
         a. La instrucción <u>sencilla</u> y <u>clara</u> en las clases
            (1) Las historias bíblicas
            (2) Quien es Dios, Jesús, y el Espíritu Santo
            (3) Características Cristianas
         b. La animación para <u>memorizar</u> las Escrituras
         c. La provisión de <u>materiales</u> para los estudios personales diarios lo más temprano posible
            (1) Libros de club bíblico
            (2) Asignaciones por la semana (con manualidades y actividades)
      2. Los <u>adultos</u> (Hechos 18:2-3, 18-19, 23-26, 20:18-21, 26-32)
         a. La instrucción <u>pública</u>
            (1) Predicación
            (2) Instrucción de clases
            (3) Conferencias
            (4) Instituto Bíblico
         b. La instrucción <u>privada</u>
            (1) Estudios bíblicos
            (2) Consejo especial
            (3) Libros espirituales
         c. La instrucción <u>básica</u> por la vida cristiana
            (1) Como guardar una relación pura con Dios
            (2) Como tener devociones personales diarias (leer, estudiar, memorizar, orar)
            (3) Como evangelizar
            (4) Como entender y aplicar las doctrinas básicas
            (5) Como mantener la familia

IV. Permanecerse en <u>Preparar</u> (servicio)

*Como "mentor" - Proveer la instrucción necesaria y las oportunidades especificas para ofrecer las excedencias necesarias para eliminar los neófitos en el ministerio

****No espere que uno sabe como hacer algo hasta que reciba instrucción cómo, una lista de las expectativas, y un ejemplo de como funciona

A. Ofrecer la <u>instrucción</u> esencial (II Timoteo 2:1-7)

*La instrucción del candidato debe empezar en su iglesia local, puede crecer en una universidad cristiana o un instituto bíblico, pero siempre debe continuar en la iglesia para que el pastor y los líderes espirituales puedan dar instrucción mientras que el candidato experimente el ministerio verdadero

1. Como <u>estudiar</u> la Biblia
2. Como <u>comunicar</u> la Biblia
3. Como <u>consejar</u> con la Biblia
4. Como <u>organizar</u> una iglesia y sus ministerios
    a. Calendario del año
    b. Escuela dominical
    c. El ministerio de los jóvenes
    d. El ministerio del evangelismo y la visitación
    e. Eventos y cultos especiales
    f. Las finanzas
    g. El ministerio de misiones
5. Como <u>confrontar</u> las dificultades en el ministerio
6. Como <u>prepararse</u> para la ordenación al ministerio
7. Cuales son los <u>requisitos</u> para el ministro en el ministerio
8. Cual es una <u>filosofía</u> bíblica para el ministerio

B. Ofrecer las <u>oportunidades</u> diversas (Hechos 13:1-2)

*Ofrecer una práctica en el ministerio que incluye los llamados en todas las partes del ministerio posible, no a la misma vez, sino por poco tiempo en cada uno (con otros creyentes fieles para ofrecer dirección) para que pueda recibir entrenamiento mejor en las areas débiles y para que esté preparado para las diversidades de ministerios en la iglesia y el campo misionero

*La práctica tiene que durar por tiempo (años) y cada candidato puede progresar a su propia velocidad depende en sus habilidades y experiencia previa

1. El ministerio de bebes
2. El ministerio de niños
3. El ministerio de jóvenes
4. El ministerio de adultos
5. El ministerio de ancianos
6. El ministerio de evangelismo
7. El ministerio de visitación
8. El ministerio de discipular
9. El ministerio de música
10. El ministerio de consejería
11. El ministerio de enseñar y predicar
12. El ministerio de limpieza y mantener la propiedad
13. El ministerio de finanzas

Proverbios 4:10-13

10 Oye, hijo mío, y recibe mis razones,
Y se te multiplicarán años de vida.
11 Por el camino de la sabiduría te he encaminado,
Y por veredas derechas te he hecho andar.
12 Cuando anduvieres, no se estrecharán tus pasos,
Y si corrieres, no tropezarás.
13 Retén el consejo, no lo dejes;
Guárdalo, porque eso es tu vida.

LAS EXPECTATIVAS DEL MISIONERO

I Corintios 3:6-9
6 Yo planté, Apolos regó; pero el crecimiento lo ha dado Dios.
7 Así que ni el que planta es algo, ni el que riega,
sino Dios, que da el crecimiento.
8 Y el que planta y el que riega son una misma cosa;
aunque cada uno recibirá su recompensa conforme a su labor.
9 Porque nosotros somos colaboradores de Dios,
y vosotros sois labranza de Dios, edificio de Dios.

I. Las expectativas del <u>trabajo</u> del misionero (6-7)
   A. Él tiene que <u>plantar</u> la semilla del evangelio por presentarlo a aquellos que nunca han oído
      1. Salmos 126:5-6 - Plantar la semilla incluye <u>sacrificio</u> y <u>tristeza</u>
      2. Romanos 10:9-15 - Plantar la semilla incluye <u>ir</u> y <u>predicar</u>
      3. Marcos 4:3-8, 13-20 - Plantar la semilla incluye <u>dispersión</u> sin prejuicio
   B. Él tiene que <u>regar</u> la semilla del evangelio por estar fiel en ministrar a aquellos que han oído pero todavía no han recibido
      1. Hechos 20:18-21, 31-32 - Regar requiere <u>tiempo</u>, las <u>Escrituras</u>, humildad, y compasión
      2. II Corintio 4:1-7 - Regar requiere <u>fidelidad</u> por la misericordia de Dios, y <u>fidelidad</u> en presentar el mensaje de Dios
   C. Él tiene que <u>depender</u> en Dios para el crecimiento
      1. No debe estar desanimado por el fruto que no está producido
         a. Romanos 10:16-21 - El mensaje predicado no garantía que estará recibido por el oidor
         b. Marcos 4:4-7, 15-19 - El fruto producido depende en el corazón de aquellos que lo reciben
      2. Debe glorificar a Dios por el fruto que Él produce
         a. Mateo 9:35-38 - Dios es el Señor de la mies
         b. Hechos 14:27 - Dios abre la puerta de la fe

II.   Las expectativas de la <u>recompensa</u> del misionero (8)
    A.   Ninguno que planta ni riega es <u>mejor</u> del otro
        *Juan 4:35-38
        *I Corintios 4:6
    B.   Cada uno recibe su <u>recompensa</u> según su labor
        *No según el crecimiento
        *Mateo 16:24-28

III.   Las expectativas del <u>compañerismo</u> para el misionero (9)
    A.   Colaborador con los <u>otros</u> creyentes
        *III Juan 6:7-8
    B.   Colaborador con <u>Dios</u>
        *Mateo 28:18-20
        *II Corintios 6:1
        *II Timoteo 4:17

IV.   Las expectativas del <u>fin</u> del ministerio del misionero (9)
    *Hechos 26:16-18 - Para ofrecer libertad del poder de Satanás y recibir la relación personal con Dios
    A.   La gente es la <u>labranza</u> de Dios
    B.   La gente es el <u>edificio</u> de Dios

Santiago 4:13-15
13 ¡Vamos ahora! los que decís:
Hoy y mañana iremos a tal ciudad,
y estaremos allá un año, y traficaremos, y ganaremos;
14 cuando no sabéis lo que será mañana.
Porque ¿qué es vuestra vida?
Ciertamente es neblina que se aparece por un poco de tiempo,
y luego se desvanece.
15 En lugar de lo cual deberíais decir:
Si el Señor quiere, viviremos y haremos esto o aquello.

EL ENVÍO DEL MISIONERO
HECHOS 13:1-4

**La iglesia debe buscar y disfrutar
las oportunidades de enviar a sus miembros
y a los miembros de otras iglesias de la misma fe y práctica
como misioneros alrededor del mundo.**

I. El misionero es llamado del grupo de los <u>líderes</u> espirituales (1-2)
   A. El misionero debe estar <u>sirviendo</u> con los líderes de la iglesia
   B. El misionero debe estar <u>dedicado</u> al ministerio de Dios
      *Por ayunar

II. El misionero es despedido por la <u>iglesia</u> (sus líderes) que reconoce la dirección del Espíritu Santo (3)
   A. El misionero es enviado después que <u>ayune</u>
   B. El misionero es enviado después que <u>ore</u>
   C. El misionero es enviado después que <u>ponga</u> sus manos sobre él
      *Una símbolo de dedicación y bendición (Hechos 14:23, Timoteo 4:14)
      *Cuando se quitan las manos, el misionero está echo libre para ser dirigido por el Espíritu Santo en su ministerio futuro
        **Desmidieron (Strong #630) - *"libertar completamente, i.e. (lit.) aliviar, soltar, dimitir"*

III. El misionero es enviado por el <u>Espíritu Santo</u> (2, 4)
   A. El misionero es <u>indicado</u> específicamente por el Espíritu Santo
      1. Él tiene que ser <u>separado</u> por la iglesia y su ministerios locales
        *Apartadme (Strong #873) - *"dejar fuera por límite, i.e. (fig.) límite, excluir, nombrar"*
      2. Él tiene que <u>aceraras</u> a Dios para cumplir una obra especifica
        *Llamado (Strong #4341) - *"llamar hacia uno mismo, i.e. citar, invitar:—convocar, exhortar, llamar"*
   B. El misionero es <u>enviado</u> con la bendición y en el poder del Espíritu Santo
      1. Él tiene que dirigido por el Espíritu Santo en su ministerio
        *Enviados (Strong #1599) - *"despachar:—enviar"*

IV.   *El misionero tiene que ser enviado si el <u>mundo</u> va a recibir el Evangelio (Romanos 10:13-17)*

V.   *El misionero es <u>recibido</u> por la iglesia para dar cuenta de como Dios le usaba (Hechos 14:26-28)*

LAS MANERAS DE ENVIAR AL MISIONERO

I. Los tipos de sostén

*El sostén incluye los fondos para vivir y ministrar en el país del ministerio

A. Apoyo <u>Completo</u> - Cuando el sostén esté proveído completamente por el apoyo de los creyentes y las iglesias que no son partes del ministerio

    1. Los beneficios básicos

        a. El <u>tiempo</u> completo en el ministerio

        b. Los <u>contactos</u> para las necesidades especiales (espirituales y físicas)

        c. Un <u>presupuesto</u> establecido y los fondos para cumplirlo

        d. _____

        _____

    2. Los detrimentos básicos

        a. El <u>tiempo</u> en levantar el apoyo antes que llegue al campo y los fondos pueden disminuir durante el tiempo en el campo, por lo cual el remplazo no pueda ser proveído

        b. La necesidad de tomar <u>tiempo</u> para visitar y dar cuenta a los apoyadores

        c. Los <u>requisitos</u> de los apoyadores y las comunicaciones frecuentes

        d. _____

        _____

B. Hacedor de <u>Tiendas</u> - Cuando el sostén esté proveído completamente por el labor del misionero en el trabajo secular o del ministerio en el país

    1. Los beneficios básicos

        a. El <u>contacto</u> diario con la gente

        b. No hay la necesidad de <u>salir</u> del campo para visitar a los apoyadores

        c. El <u>sostén</u> está establecido por las normas de la economía y la gente del país

        d. _____

        _____

2. Los detrimentos básicos

   a. El <u>tiempo</u> está dividido en el trabajo y el ministerio (hay menos tiempo para la familia)

   b. Es difícil de <u>encontrar</u> el trabajo como extranjero, y si el trabajo termina, los recursos son limitados para encontrar otro

   c. La falta de los <u>fondos</u> extras necesarios para realizar el ministerio

   d. _____

C. Apoyo <u>Parcial</u> y Hacedor de <u>Tiendas</u> - Cuando el sostén esté proveído por una mezcla (no importa el porciento) del Apoyo Completo y de ser Hacedor de Tiendas
   Pablo - Hechos 18:1-3, I Corintios 9:6-18, II Corintios 11:8-9, Filipenses 4:14-20

   1. Los beneficios básicos

      a. Tiene algunos <u>contactos</u> para las necesidades especiales (espiritual y física)

      b. Se puede <u>trabajar</u> más cuando haya más necesidades

      c. Tiene algunos <u>contactos</u> con la gente

      d. _____

   2. Los detrimentos básicos

      a. Los <u>requisitos</u> de los dos jefes: los apoyadores y el trabajo

      b. El <u>tiempo</u> está dividido entre el ministerio y el trabajo

      c. Todavía tiene que <u>viajar</u> para dar cuenta a los apoyadores

      d. _____

II. Los tipos de ministrar

   A. <u>Soltero</u> - Cuando el misionero no sea casado ni tenga familia
      Pablo - I Corintios 9:5

      1. Los beneficios básicos

         a. Menos <u>fondos</u> necesarios

         b. Más <u>flexibilidad</u> y tiempo en el ministerio

         c. Menos <u>preocupación</u> por la seguridad de la familia

2. Los detrimentos básicos
   a. Las dificultades de <u>levantar</u> el apoyo
   b. Limitaciones con quien se puede <u>ministrar</u> y menos protecciones espirituales y físicas
   c. La <u>soledad</u>
   d. _____

B. <u>Solo</u> - Cuando el misionero (y su familia) trabaje en un ministerio sin la ayuda de otros ministros (misioneros, pastores, etc.)
   Pablo - Hechos 17:16-34, II Timoteo 4:16-18
   1. Los beneficios básicos
      a. Menos <u>conflictos</u> en el liderazgo e interpersonales
      b. Menos <u>distracciones</u> sociales y familiares
      c. La <u>libertad</u> de organizar su propio horario
      d. _____

   2. Los detrimentos básicos
      a. La falta de buen <u>consejo</u>, consuelo, compañerismo, y protección
      b. La falta de <u>ayuda</u> física con la propiedad, etc.
      c. La falta de <u>ayuda</u> en el evangelismo y discipulado
      d. _____

C. <u>Equipo</u> - Cuando dos misioneros o más (y sus familias) trabajen en el mismo ministerio para ayudar en todos o partes de los aspectos de la obra
   Pablo - Hechos 13:1-5, 15:40-41
   1. Los beneficios básicos
      a. El <u>compañerismo</u> y la ayuda en encargar la carga del ministerio
      b. La <u>amistad</u>, la protección, y el consuelo cristiano para la familia
      c. <u>Liderazgo</u> para el ministerio cuando tenga que visitar a los apoyadores
      d. _____

   2. Los detrimentos básicos
      a. Los <u>conflictos</u> interpersonales
      b. Los <u>conflictos</u> ministeriales (doctrina, filosofía, práctica)

      c.   La posibilidad de pasar más <u>tiempo</u> con el equipo que con los nacionales

      d.   _____

           _____

III.   Los tipos de enviar

*Bíblicamente la iglesia es siempre quien encomendaba (envía) cada misionero a la gracia de Dios para hacer el ministerio (Hechos 13:1-3, 26)

A.   La iglesia sola <u>sin</u> una agencia

    Pablo - Hechos 13:1-3, 14:16-28

    1.   Los beneficios básicos

        a.   Menos <u>responsabilidades</u> y tiempo en dar cuenta

        b.   Más <u>contacto</u> con y responsabilidad al pastor y su iglesia principal

        c.   Elimina el <u>costo</u> de sostener una oficina, ministerio, y labradores de la agencia

        d.   _____

            _____

    2.   Los detrimentos básicos

        a.   La iglesia tiene que <u>representar</u> y ayudar al misionero en todas necesidades legales (documentos, VISA, etc.)

        b.   La iglesia tiene que <u>proveer</u> recursos para seguro médico y circunstancias de emergencia

        c.   Hay <u>países</u> que no aceptan que cualquier negocio/ministerio envíe misioneros a su país

        d.   _____

            _____

B.   La iglesia <u>unida</u> con una agencia misionera

    Tito - II Corintios 8:16-24

    1.   Los beneficios básicos

        a.   La iglesia puede recibir las <u>recomendaciones</u> de nuevos misioneros y tener la ayuda de la experiencia de la agencia mientras que el misionero esté en el campo (consejo, médica, legal, etc.)

        b.   La iglesia no tiene que <u>preocuparse</u> con los detalles de las finanzas (impuestos, cambio de moneda, etc.)

  c. El misionero tiene la <u>seguridad</u> de labradores que son dedicados a su ministerio y necesidades con la experiencia de ayudar y dar consejo para sus circunstancias únicas

  d. _____

    _____

 2. Los detrimentos básicos

  a. La iglesia puede <u>pensar</u> que la agencia es el remitante y dejar de cumplir sus responsabilidades

  b. La agencia puede <u>empezar</u> de tomar más autoridad que la iglesia

  c. La agencia puede <u>consumir</u> más fondos para mantenerse

  d. _____

    _____

IV. Los tipos de misioneros

 A. El misionero <u>extranjero</u>

  *El misionero extranjero es uno que ministre en un país, cultura, idioma, etc., que no es su propio

  1. Los beneficios básicos

   a. Él tiene los <u>recursos</u> físicos y espirituales más anchos por sus conexiones en su país

   b. Él tiene una <u>perspectiva</u> de las necesidades de la gente sin estar acostumbrado a los pecados incluidos en la cultura

   c. Él tiene la <u>habilidad</u> de mudarse a otro sitio para empezar un nuevo ministerio cuando el primero sea realizado

   d. _____

     _____

  2. Los detrimentos básicos

   a. Él puede <u>confundir</u> el evangelio con los mejores de la cultura y política

   b. Él puede <u>dañar</u> el testimonio de Dios sin saberlo por los fracasos con el idioma y la cultura

   c. Él necesita mucho <u>tiempo</u> y fondos para establecerse y su ministerio

   d. _____

     _____

B. El misionero <u>nacional</u> (sembrador de la iglesia)
    *El misionero nacional es un ministro que ministre en su propio país, cultura, idioma, etc., pero recibe apoyo de las otras iglesias
    1. Los beneficios básicos
        a. Él puede <u>establecerse</u> y su ministerio en menos tiempo y fondos
        b. Él sabe la <u>cultura</u> y el idioma y toma menos tiempo para acostumbrarse
        c. Él no tiene que sufrir la <u>soledad</u> de estar lejos de su familia y amistades
        d. _____

            _____

    2. Los detrimentos básicos
        *(si ellos son de otro país)
        a. Él tiene menos <u>oportunidades</u> de dar cuenta a sus apoyadores
        b. Él puede estar <u>rechazado</u> por su propia gente por recibir el apoyo de afuera
        c. Él puede crecer <u>acostumbrado</u> a los fondos de afuera y no madurar el ministerio a la independencia
        d. _____

            _____

EL LABOR PERSONAL Y APOYO MISIONERO DE PABLO

I.   Hechos 18:1-3
        *Pablo era un fabricante de tiendas y utilizó su trabajo para evangelizar

II.   Hechos 20:33-36 (labor personal)
        A. El tiempo declarado
            1. Mientras que estaba en su *tercer viaje* misionero (en camino a Jerusalén)
        B. El lugar del labor
            1. *Efeso*
        C. El tiempo del labor
            1. Hechos 18:19-21- (?) Su segundo viaje misionero y *primera visita* con ellos cuando Aquila & Priscila estaban con él
                *Eran todos hacedores de tiendas
            2. Hechos 18:24-20:2 - (?) Su tercer viaje misionero cuando pasaba *muchos años* con ellos
                *I Corintios 4:11-12 - Muy probablemente esta visita es el uno en referencia, porque dijo que estaba ministrando a ellos *"por tres años"*
        D. La razón del labor
            1. *"33 Ni plata ni oro ni vestido de nadie he codiciado."*
            2. *"34 ... Para lo que me ha sido necesario a mí y a los que están conmigo"*
            3. *"35 En todo os he enseñado que, trabajando así, ..."*
        E. La manera del labor
            1. Con sus *propias manos*
        F. La instrucción sobre el labor
            1. *"35 ... Se debe ayudar a los necesitados"*
            2. *"35 ... Más bienaventurado es dar que recibir."*

III.   I Corintios 4:11-12 (labor personal)
        A. El tiempo de escribir
            1. Mientras que estaba en su *tercer viaje* misionero (en camino para visitarlos)

B. El lugar del labor
    1. *Corinto*
C. El tiempo del labor
    1. En el *presente*

IV. I Corintios 9:6 (6-18) (personal labor)
    A. El tiempo de escribir
        1. Mientras que estaba en su *tercer viaje* misionero (en camino para visitarlos)
            *Como parte de su defensa de su ministerio
            *Hechos 18:1-3 - Pablo trabajaba como hacedor de las tiendas
    B. El lugar del labor
        1. *Corinto*
    C. El tiempo del labor
        1. Una referencia de cuando el estaba ministrando a ellos en su *segundo viaje* misionero
    D. La razón por el labor
        1. **"12 ... Por no poner ningún <u>obstáculo</u> al evangelio de Cristo."**
    E. La manera del labor
        1. Con sus *propias manos*
    F. La instrucción sobre la justicia de sostener al ministro del Evangelio
        1. El ministro de Dios merece *sostén* para su servicio en el ministerio

V. II Corintios 11:8-9 (apoyo recibido)
    A. El tiempo de escribir
        1. Mientras que estaba en su *tercer viaje* misionero (en camino para visitarlos)
    B. El lugar del apoyo
        1. *Corinto*
    C. El tiempo del apoyo
        1. Su tiempo con ellos en su *segundo viaje* misionero
    D. La fuente del apoyo
        *Hechos 18:1-3 - Pablo trabajaba como hacedor de las tiendas
        1. *Otras iglesia*
        2. Los *creyentes* en Macedonia

E. La instrucción sobre el apoyo

    1. *"8 ... He <u>despojado</u> a otras iglesias, recibiendo salario para serviros a vosotros."*

    2. *"9 ... A ninguno fui <u>carga</u>, pues lo que me faltaba, lo suplieron los hermanos que vinieron de Macedonia, y en todo me guardé y me guardaré de seros gravoso."*

VI. Filipenses 4:14-20 (apoyo recibido)

  A. El tiempo de escribir

    1. Cuando estaba en *Roma* (en el fin de su ministerio)

  B. El lugar del apoyo

    1. *Tesalónica*

    2. *Otros lugares*

  C. El tiempo del apoyo

    1. (?) Durante su *segundo viaje* misionero

      a. Su ministerio después que estaba en Macedonia y mientras que estaba en Tesalónica

      *No hay ninguna visita a Tesalónica mencionada en su tercer viaje misionero

    2. Durante su situación al *presente* en Roma

  D. La manera del apoyo

    1. Los creyentes de *Filipos* le enviaron el apoyo a él

  E. La frecuencia del apoyo

    1. *"16 ... una y <u>otra vez</u>"*

  F. La instrucción sobre el apoyo

    1. Dios lo *recibe* como un sacrificio agradable

    2. Dios *suplirá* sus necesidades

VII. I Tesalonicenses 2:9 (labor personal)

  A. El tiempo de escribir

    1. Mientras que estaba en su *segundo viaje* misionero ministrando en Corintio después que visitó a Tesalónica

  B. El lugar del labor

    1. *Tesalónica*

  C. El tiempo del labor

    1. Su *segunda visita* al pueblo para ministrar a los creyentes

    D.   La razón por el labor
        1.   *"9 ... Para no ser <u>gravosos</u> a ninguno de vosotros,"*
    E.   La manera del labor
        1.   *Día* y *noche*

VIII. II Tesalonicenses 3:8-10 (labor personal)
    A.   El tiempo de escribir
        1.   Mientras que estaba en su *segundo viaje* misionero ministrando en Corintio después que visitó a Tesalónica
    B.   El lugar del labor
        1.   *Tesalónica*
    C.   El tiempo del labor
        1.   Su *segunda visita* al pueblo para ministrar a los creyentes
    D.   La razón por el labor
        1.   *"8 ... Para no ser <u>gravosos</u> a ninguno de vosotros;"*
        2.   *"9 ... Por daros nosotros mismos un <u>ejemplo</u> para que nos imitaseis."*
    E.   La manera del labor
        1.   *Día* y *noche*

EL APOYO DE LAS MISIONES
EN EL NUEVO TESTAMENTO

**La iglesia debe aceptar la responsabilidad de proveer
por su misionero y su ministerio.**

Filipenses 4:14-16
*14 Sin embargo,
bien hicisteis en participar conmigo en mi tribulación.
15 Y sabéis también vosotros, oh filipenses,
que al principio de la predicación del evangelio,
cuando partí de Macedonia,
ninguna iglesia participó conmigo en razón de dar y recibir,
sino vosotros solos;
16 pues aun a Tesalónica me enviasteis una y otra vez
para mis necesidades.*

I. El apoyo <u>financiero</u>
    A. Los <u>recipientes</u> del apoyo financiero
        1. Los otros <u>hermanos</u> sufridos en una iglesia de la misma fe y práctica
            - Hechos 11:27-30, 12:25, Romanos 15:25-26, I Corintios 16:1-3, II
            Corintios 8-9
        2. El <u>misionero</u> específico - Filipenses 4:15-16
    B. La <u>manera</u> de recoger el apoyo financiero
        1. De diferentes <u>iglesias</u>
            a. Antioquía - Hechos 11:27-30
            b. Macedonia y Acaya - Romanos 15:25-26, II Corintios 8:1-5
            c. Galacia - I Corintios 16:1
            d. Corinto - II Corintios 9:1-15
            e. Filipos - Filipenses 4:15-16
        2. Por <u>ofrenda</u>
            a. Cada persona <u>incluida</u> (Hechos 11:29)
            b. Cada persona según su <u>habilidad</u> (Hechos 11:29, II Corintios
                8:12)

    c.   En el primer <u>día</u> de la semana para guardar en anticipación (I Corintios 16:2, II Corintios 9:5)
        Con anticipación y un presupuesto

    d.   Según como está <u>prosperada</u> (I Corintios 16:2)

    e.   Con <u>gozo</u> (II Corintios 8:2, 9:7)

    f.   Con <u>generosidad</u> (II Corintios 8:2, 9:7)

    g.   Aun en <u>pobreza</u> (II Corintios 8:2-3)
        "3 ... conforme a sus fuerzas, y aun más allá de sus fuerzas"

    h.   Primeramente dando a <u>sí</u> mismo (II Corintios 8:5)

    i.   Con el <u>entendimiento</u> de la recompensa de sembrar y segar (II Corintios 9:6)

    j.   Según lo que cada persona <u>propuso</u> en su corazón (II Corintios 9:7)

C.   El <u>repartimiento</u> del apoyo financiero

    1.   Llevado por ...

        a.   <u>Mensajeros</u> de la iglesia

            (1)   Bernabé y Saúl - Hechos 11:30

            (2)   Epafrodito - Filipenses 4:15-18

        b.   Personas <u>aprobadas</u> por las iglesias y el misionero
            *Puede incluir las agencias con personas probadas

            (1)   Pablo, Tito, y otros hombres aprobados por las iglesias (I Corintios 16:3, II Corintios 8:16-22)

    2.   Llevado con toda <u>honestidad</u> (II Corintios 8:19-22)

        a.   Honestidad delante de <u>Dios</u>

        b.   Honestidad delante de los <u>hombres</u>

D.   La <u>distribución/uso</u> del apoyo financiero

    1.   Fue distribuido por el <u>liderazgo</u> espiritual de la iglesia recibiendo el apoyo financiero (Hechos 11:30)
        *Hechos 4:35

    2.   Fue distribuido por el <u>misionero</u> (II Corintios 8:20)

    3.   Fue usado para las <u>necesidades</u> personales/ministeriales del misionero (Filipenses 4:16)

E.   Las <u>verdades</u> sobre el apoyo financiero

    1.   Es compañerismo en el <u>ministerio</u> (II Corintios 8:4)

    2.   Es evidencia del <u>amor</u> (II Corintios 8:8, 24)

    3.   Es según el <u>ejemplo</u> de Jesucristo (II Corintios 8:9)

    4.   Es para producir <u>igualdad</u>, no para dañar al dador (II Corintios 8:13-15)

5. Es un <u>ejemplo</u> a los demás (II Corintios 9:2-4)
6. Es <u>bendecido</u> por Dios porque provee las necesidades (II Corintios 9:8-10, Filipenses 4:19)
7. Es más de un suministro de las necesidades físicas de los hombres porque produce <u>acción</u> de gracias espiritual a Dios (II Corintios 9:11-15)
8. Es un catalizador de animar a los receptores a <u>orar</u> por el dador (II Corintios 9:14)
9. Es una manera de producir más <u>fruto</u> espiritual (Filipenses 4:17)
10. Es un <u>sacrificio</u> de olor fragante, acepto, y agradable a Dios (Filipenses 4:18)

II. El apoyo de <u>oración</u>
   A. El labor de <u>oración</u> por el misionero
      1. Orar es <u>ayuda</u> por distancia (Romanos 15:30)
      2. Orar es <u>cooperación</u> por distancia (II Corintios 1:11)
   B. Las <u>peticiones</u> por el misionero
   *Las peticiones de Pablo y su ministerio
      1. <u>Romanos</u> 15:30-33
         a. Para que sea librado de los rebeldes
         b. Para que la ofrenda de mi servicio a los santos en Jerusalén sea acepta
         c. Para que con gozo llegue a vosotros por la voluntad de Dios, y que sea recreado juntamente con vosotros
      2. <u>Efesios</u> 6:18-20 - "***Y por mí!***"
         a. Para que al abrir mi boca
         b. Para que me sea dada palabra
         c. Para dar a conocer con denuedo el misterio del evangelio
         *Como debo hablar
      3. <u>Colosenses</u> 4:2-4
         a. Para que el Señor nos abra la puerta para la palabra
         b. Para que el fin sea de dar a conocer el misterio de Cristo
            (1) Por el cual también estoy preso
            (2) Para que lo manifieste como debo hablar
      4. I <u>Tesalonicenses</u> 5:24-25 - (Orar en general)

5. II <u>Tesalonicenses</u> 3:1-2 (1-7)
   a. Para que la palabra del Señor corra y sea glorificada
      *Así como lo fue entre vosotros,
   b. Para que seamos librados de hombres perversos y malos
      *Porque no es de todos la fe
6. <u>Hebreos</u> 13:18-19
   *Orad por nosotros; pues confiamos en que tenemos buena conciencia, deseando conducirnos bien en todo.
   a. Para que yo os sea restituido más pronto

C. Los <u>resultados</u> de oración por el misionero
   1. Provee <u>libertad</u> de tribulación (II Corintios 1:8-11)
   2. Produce acción de <u>gracias</u> por aquéllos que reciben el ministerio (II Corintios 1:11)
   3. Provee <u>compañerismo</u> (Filemón 1:22)

III. El apoyo por <u>comunicación</u>
   A. Comunicación sobre su <u>fe</u> y <u>amor</u> (Efesios 1:15-16, Colosenses 1:3-4, Filemón 1:4-5, I Tesalonicenses 3:6-8)
      *III Juan 1:3-4 - Que anda en la verdad
   B. Comunicación sobre su <u>condición</u> (Filipenses 2:19)
   C. Comunicación sobre su <u>cuido</u> por él (Filipenses 4:10)
   D. Comunicación sobre su <u>recuerdo</u> de él (I Tesalonicenses 3:6-7)

IV. El apoyo por <u>enviar</u> las necesidades (II Timoteo 4:12)
   A. El <u>capote</u> - La necesidad de la ropa y las provisiones físicas
   B. Los <u>libros</u> y los <u>pergaminos</u> - La necesidad de las materiales del ministerio

LAS OFRENDAS PARA MISIONES
Las Ofrendas por la Fe
Las Ofrendas por la Gracia
II Corintios 8-9

I. El <u>ejemplo</u> de la ofrenda misionara (8:1-5)
    A. El apoyo por la <u>gracia</u> de Dios (1)
    B. El apoyo mientras gran <u>tribulación</u> (2a)
    C. El apoyo por <u>gozo</u> y <u>pobreza</u> (2b)
    D. El apoyo de <u>generosidad</u> (2c-5)
        1. Dar según sus fuerzas
        2. Dar aun más de sus fuerzas
        3. Dar de sí mismo
            a. A Dios
            b. A los otros (por la voluntad de Dios)
        4. Dar por muchos ruegos por la oportunidad
    E. El apoyo para tener <u>participación</u> en el ministerio (con los santos) (5)

II. La <u>oportunidad</u> por la ofrenda misionera (8:6)
    *El ministerio de Tito para proveer la oportunidad (16-23)
    A. El mensajero <u>provisto</u>
    B. El ministerio <u>empezado</u> (esperando para realizarlo)
    C. El ministerio por <u>gracia</u>

III. La <u>admonición</u> de realizar la ofrenda misionera (8:7-11, 24)

> *7 Por tanto, como en todo abundáis,*
> *en fe, en palabra, en ciencia, en toda solicitud,*
> *y en vuestro amor para con nosotros,*
> *abundad también en esta gracia.*

    A. La admonición de abundar en la <u>gracia</u> (7)
        1. Como en <u>fe</u>
        2. Como en <u>palabra</u>
        3. Como en <u>ciencia</u>

4.   Como en toda solicitud
5.   Como en amor
B.   La admonición de probar su sinceridad (8, 10, 24)
*Ellos declararon su interés antes, y ahora tienen la oportunidad de realizar su deseo (1-4)
1.   Era admonición, no mandato (8)
2.   Era para probar su amor (8, 24)
3.   Era por la diligencia de los otros (10)
C.   La admonición por el ejemplo de la gracia de Jesucristo (9)
1.   Él sacrificó Su riqueza por nuestra pobreza
2.   Su pobreza nos hizo ricos
D.   La admonición (consejo) de realizar lo que empezó (10-11, 24)
1.   En el pasado empezó por el deseo (10)
2.   En el presente puede realizarlo por la acción (11)

IV.   La manera en recoger la ofrenda misionera

5 Y no como lo esperábamos,
sino que a sí mismos se dieron primeramente al Señor,
y luego a nosotros por la voluntad de Dios;

A.   Cada uno ofrece según la gracia de Dios (8:1, 6-7, 9, 19, 9:8, 14)
B.   Cada uno ofrece según su corazón (8:11a, 12a, 9:7)
C.   Cada uno ofrece según lo que tiene (8:11b, 12b)

Hechos 11:27-30 (29)
29 Entonces los discípulos,
cada uno conforme a lo que tenía,
determinaron enviar socorro a los hermanos
que habitaban en Judea;

*La ofrenda estaba recogida antes que Pablo llegó para que no fuera presión (9:3-5)
*Un grupo de creyentes fieles recogieron y llevaron la ofrenda a los en necesidad (8:16-24)

V. La <u>razón</u> por la ofrenda misionera (8:13-15)
   A. No es para echar una <u>carga</u> a uno y librar el otro
   B. Es para hacer <u>igualdad</u>
   *Los dos sacarifican sus riquezas (físicas/espirituales) para suplir la necesidad del otro

Romanos 15:25-26
25 Mas ahora voy a Jerusalén para ministrar a los santos.
26 Porque Macedonia y Acaya tuvieron a bien hacer una ofrenda para los pobres que hay entre los santos que están en Jerusalén.

VI. Las <u>promesas</u> en la ofrenda (9:6-14)
   A. Cada uno <u>segará</u> según lo que siembran (6)
   B. La <u>gracia</u> de Dios es suficiente (7-10)
     1. Para suplir sus necesidades
     2. Para hacerse abondar en buenas obras
   C. El servicio <u>produce</u> acción de gracias a Dios (11-13)
   D. El servicio <u>provee</u> por las necesidades de los demás (12a)
   E. El servicio <u>revela</u> la dedicación al Evangelio (13)
   F. El servicio <u>anima</u> a los receptores de orar por la gracia de Dios en la vida del dador (14)

15 ¡Gracias a Dios por su don inefable!

Filipenses 4:15-20
15 Y sabéis también vosotros, oh filipenses, que al principio de la predicación del evangelio, cuando partí de Macedonia, ninguna iglesia participó conmigo en razón de dar y recibir, sino vosotros solos;
16 pues aun a Tesalónica me enviasteis una y otra vez para mis necesidades.
17 No es que busque dádivas, sino que busco fruto que abunde en vuestra cuenta.
18 Pero todo lo he recibido, y tengo abundancia; estoy lleno, habiendo recibido de Epafrodito lo que enviasteis; olor fragante, sacrificio acepto, agradable a Dios.

19 Mi Dios, pues, suplirá todo lo que os falta
conforme a sus riquezas en gloria en Cristo Jesús.
20 Al Dios y Padre nuestro sea gloria por los siglos de los siglos.
Amén.

COMO HACER LAS OFRENDAS POR LA FE
Las Ofrendas por la Gracia
II Corintios 8-9

I. Los propósitos
   A. Proveer a cada <u>creyente</u> una oportunidad para participar en el ministerio de cumplir la Gran Comisión de evangelizar al mundo
   B. Proveer a la <u>iglesia</u> la organización necesaria para sostener a los misioneros adecuadamente y fielmente para que ellos puedan cumplir la Gran Comisión de parte de ella

II. La organización
   A. <u>Hacer</u> una conferencia misionera en que la necesidad y las oportunidades de participar en realizar la Gran Comisión son comunicadas a los miembros de la iglesia (8:1-9)
   B. <u>Exhortar</u> a cada creyente a buscar la voluntad de Dios por como ellos pueden participar en realizar la Gran Comisión (8:7-9, 11-12)
   C. <u>Proveer</u> una manera en que cada creyente puede comunicar su deseo de participar en realizar la Gran Comisión (8:6, 15-24)
       (Se puede usar una tarjeta de declaración)
   D. <u>Determinar</u> un presupuesto mensual (para el año que viene) según las expectativas comunicadas del deseo de los miembros en realizar la Gran Comisión (9:3-5)
       *Por el presupuesto la iglesia puede reafirmar los compromisos con los misioneros ya incluidos en el Ministerio de Misiones, añadir a nuevos misioneros y mantener la organización y fidelidad en el año nuevo
   E. <u>Animar</u> a cada creyente que sea fiel en cumplir su deseo declarado de participar en realizar la Gran Comisión (8:10-15, 9:1-5)

Las Ofrendas por la Fe (Gracia)
Yo deseo de **ofrecer $_____ por mes** para el ministerios de misiones, según la provisión de Dios. ❑ Niño   ❑ Joven   ❑ Adulto *Yo entiendo que esta tarjeta es por un año* *y es un de acuerdo con Dios y no una promesa a la iglesia.*
II Corintios 9:7 ***Cada uno dé como propuso en su corazón:*** ***no con tristeza, ni por necesidad, porque Dios ama al dador alegre.***

Evangelizando el Mundo

a través de

Iglesia Bautista De La Fe

... me seréis testigos en Jerusalén,
en toda Judea, en Samaria,
y hasta lo último de la tierra.
Hechos 1:8

Las Cargas del Ministerio Misionero
II Corintios 11:23-33

**La iglesia debe entender las cargas del misionero
y ser compasivo con él en los tiempos difíciles.**

Hechos 15:26
*26 hombres que han expuesto su vida
por el nombre de nuestro Señor Jesucristo.*

II Corintios 1:8-11
*8 ... fuimos abrumados sobremanera más allá de nuestras fuerzas,
de tal modo que aun perdimos la esperanza de conservar la vida ...*

II Corintios 7:5-7
*5 ... ningún reposo tuvo nuestro cuerpo,
sino que en todo fuimos atribulados;
de fuera, conflictos;
de dentro, temores.
6 Pero Dios, ...*

II Corintios 11:28
*28 y además de otras cosas, lo que sobre mí se agolpa cada día,
la preocupación por todas las iglesias.*

I.   Las cargas <u>físicas</u>
    A.   Los <u>abusos</u> (23-25a)
       1.   I Corintios 15:32 - El conflicto con el León
    B.   Los <u>viajes</u> (25b-26a)
    C.   Los peligros de <u>ladrones</u> (26b)
    D.   Las <u>debilidades</u> físicas (27)
       1.   II Corintios 12:7-10 - Orar y depender en la gracia de Dios

Filipenses 1:29-30
29 Porque a vosotros os es concedido a causa de Cristo,
no sólo que creáis en él, sino también que padezcáis por él,
30 teniendo el mismo conflicto que habéis visto en mí,
y ahora oís que hay en mí.

II.   Las cargas espirituales

I Corintios 16:9
9 porque se me ha abierto puerta grande y eficaz,
y muchos son los adversarios.

A.   El cuido de la Iglesia (28)
       *I Corintios 4:9-13 - El sacrificio personal para el beneficio espiritual
       de los demás
       *I Tesalonicenses 2:1-13 - La cuida parental
       1.   La vanidad del ministerio - I Corintios 15:2, Gálatas 2:2, 4:11,
              Filipenses 2:16, I Tesalonicenses 2:1, 3:5
       2.   El rechazo del amor personal en el ministerio - II Corintios 12:15
       3.   La destrucción del ministerio - Hechos 20:28-32
              a.   La devastación de afuera
                     (1)   Las doctrinas falsas y los maestros en los ministerios - I
                            Timoteo 6:3
              b.   La división de adentro
                     (1)   La deserción de los líderes - II Timoteo 1:15, 4:10, 16
                     (2)   Los conflictos y comparaciones personales - I Corintios
                            3:3-9
                     (3)   Las ataques contra la autoridad justa - II Corintios 9:1-
                            6, 11-12:12
                            *Números 12:1-15 - Las ataques contra del liderazgo de
                            Moisés empezaron por los ataques contra su esposa
       4.   La carnalidad y falta de madurez en el ministerio - I Corintios 3:1-
              2, Hebreos 5:12-14

Algunas Cargas de Pablo
para el Ministerios
a través de Hechos

♦ La deserción de colaboradores en el ministerio - Hechos 13:13
♦ El rechazamiento y abuso por el mensaje del ministerio - Hechos 13:14-45, 14:5, 19
♦ El desacuerdo con el propósito práctico del ministerio - Hechos 15:36-41
♦ El deseo de ministrar nunca realizado - Hechos 16:6-7
  *Romanos 1:11-13
♦ El cambio los planes del ministerio para ministrar al alguien especifico - Hechos 16:8-9
♦ Conflicto con el gobierno por acusaciones falsas contra el ministerio - Hechos 16:19-24, 21:28-39
♦ La soledad en el ministerio (como la única luz en las tinieblas) - Hechos 17:15-34
♦ Las horas largas en el ministerio - Hechos 20:6-12
♦ La necesidad de ir a lugares y situaciones peligrosos para cumplir el ministerio - Hechos 20:22-24, 21:11-14
♦ Tristeza de dejar a los amados en el ministerio - Hechos 20:25, 36-38
♦ Preocupación para los ataques contra el ministerio en la ausencia - Hechos 20:26-32
♦ Los viajes largos y peligrosos para extender el ministerio - Hechos 27:8-27:11

Las Veces que Pablo Menciona
las Dificultades
del Ministerio

- Romanos 3:7-8
- I Corintios 4:9-13, 15:32, 16:9
- II Corintios 2:4, 4:7-12, 6:1-10, 7:5-7, 11:23-33, 12:7-10
- Gálatas 4:11-14, 5:11, 6:17
- Efesios 3:13, 6:18-20
- Filipenses 1:12-14, 19, 29-30
- Colosenses 1:25, 4:18
- I Tesalonicenses 2:2, 14-16, 3:3-8
- II Tesalonicenses 3:1-2
- I Timoteo 4:10
- II Timoteo 1:8, 12, 15, 2:9-13, 3:10-12, 4:14-18
- Tito ~~~
- Filemón 1:13, 22
- Hebreos ~~~

LAS DIFICULTADES EN DIPUTACIÓN Y FURLOUGH

Lucas 9:57-58
57 Yendo ellos, uno le dijo en el camino:
Señor, te seguiré adondequiera que vayas.
58 Y le dijo Jesús:
Las zorras tienen guaridas, y las aves de los cielos nidos;
mas el Hijo del Hombre no tiene dónde recostar la cabeza.

II Corintios 11:26-27
26 en caminos muchas veces;
en peligros de ríos,
peligros de ladrones,
peligros de los de mi nación,
peligros de los gentiles,
peligros en la ciudad,
peligros en el desierto,
peligros en el mar,
peligros entre falsos hermanos;

I. Hacer los <u>contactos</u> y las citas en las iglesias
   A. Encontrar las iglesias y los pastores fieles en la fe
   B. Encontrar las iglesias y los pastores que pueden recibir y apoyar a los misioneros
   C. Hacer contacto con los pastores por cartas y llamadas

II. Organizar los <u>materiales</u> y la presentación del ministerio
   A. Hacer cartas y los paquetes de introducción
     (cartas, tarjeta de oración, etc.)
   B. Producir una presentación visual del ministerio futuro
   C. Organizar una presentación física (para una mesa)

III. Tener su <u>vida</u>, familia, y ministerio investigados y evaluados en cada iglesia que se encuentra
   A. Los ministerios ofrecidos
   B. La conducta de cada miembro

C.   La cantidad de comida que comen

D.   El tipo de carro, ropa, zapatos, etc.

E.   Las conversaciones

IV.   Viajar largas <u>distancias</u> a sitios no conocidos para realizar cada cita

A.   Un vehículo confiable (incluyendo el mantenimiento)

B.   El tiempo usado en camino

C.   El dinero para gasolina, comidas, vivienda, etc.

D.   Las dificultades con las direcciones, la construcción, el clima, etc.

E.   La dificultad de encontrar tiendas necesarias para las compras

V.   Mantener su <u>familia</u> en buen salud y ánimo mientras que no tiene ningún horario, casa, ni seguridad

A.   Ningún tiempo privado como familia para las diversiones y relajarse

B.   Falta de descanso correcto por estar en diferentes lugares y camas

C.   La falta de comida saludable y consistante

D.   La interacción frecuente con diferentes personas en diferentes lugares con diferente enfermedades

E.   El tiempo pasado en el vehículo sin la oportunidad de usar la energía (los niños) y que causa los dolores del cuerpo (los adultos)

F.   La inhabilitad de tener amistades y la necesidad de decir "adiós" frecuentemente a aquellos que conocen

G.   El agotamiento de hablar sobre sí y contestar las mismas preguntas constantemente

VI.   Esperar por el <u>apoyo</u> necesario para realizar sus planes en el ministerio futuro

A.   El labor y el agotamiento sin promesa de apoyo

B.   La esperanza destruida cuando meses pasen sin apoyo comprometido

C.   La carga de saber que hay un ministerio para hacer pero no tener la habilidad de empezar

VII.   Prepararse por la <u>salida</u>

A.   La organización de las cosas y los documentos necesarios

B.   La eliminación de las cosas personales por causa de falta de espacio

C.   La empacamiento y enviar de todas las deberes

D.   La preparación de las cosas en el campo

E.   Los saludos de los amados

VIII. Sentir los <u>efectos</u> de choque cultural en reversa (furlough)
   A. La cantidad de gente hablando su idioma
   B. La cantidad de opciones en las tiendas
   C. Las costumbres diferentes
   D. Las leyes y maneras de guiar/manejar
   E. La necesidad de estar enfrente de todas las iglesias
   F. La inseguridad de no saber las nuevas costumbres y noticias

LAS DIFICULTADES EN EL CAMPO MISIONERO

I Corintios 9:19-23
*19 Por lo cual, siendo libre de todos,
me he hecho siervo de todos para ganar a mayor número.
20 Me he hecho a los judíos como judío, para ganar a los judíos;
a los que están sujetos a la ley
(aunque yo no esté sujeto a la ley)
como sujeto a la ley,
para ganar a los que están sujetos a la ley;
21 a los que están sin ley, como si yo estuviera sin ley
(no estando yo sin ley de Dios, sino bajo la ley de Cristo),
para ganar a los que están sin ley.
22 Me he hecho débil a los débiles, para ganar a los débiles;
a todos me he hecho de todo,
para que de todos modos salve a algunos.
23 Y esto hago por causa del evangelio,
para hacerme copartícipe de él.*

I. Los Escépticos - Cualquier comentario, ambos un cumplido o una crítica, que produce duda o preocupación para cumplir la voluntad de Dios (Pablo - Hechos 21:8-15, Números 13:25-39)
   A. El amor humano que no está preparado para sacrificar
   B. El consejo sobre las imposibilidades humanas
   C. Los ataques de aquellos contrarios

II. Adiós - El proceso de dejar toda su familia, sus amistades, y las cosas familiares para vivir con fulanos, como extranjero en un nuevo país y una cultura confusa (Pablo - Hechos 20:17-38, Dos Segadores de Jesús -Lucas 9:59-62)
   A. Las últimas reuniones con la familia y los amigos
   B. El proceso de empacar las cosas necesarias y dejar a los demás
   C. Las lágrimas y emociones de los amados
   D. La llegada al país nuevo, solito

129

III. Las <u>Decisiones</u> Inmanentes - La presión de hacer las decisiones grandísimas sin mucha información, tiempo, ni consejo de otros (Abraham - Génesis 17:8, 23:1-20)

    A. La necesidad para escoger una casa, un carro, etc.

    B. La necesidad de comprar muebles, enseres, etc.

    C. El necesidad de buscar profesionales: mecánico, medico, etc.

IV. Las <u>Limitaciones</u> Lingüísticas - Cuando uno no pueda comunicar sus pensamientos ni sentimientos naturalmente o no pueda entender la comunicación natural del otro de sus pensamientos ni sentimientos sin distracción ninguna ni chance de falta de entendimiento (Moisés - Éxodo 3:1-4:16, Daniel - Daniel 1:1-21)

    A. Limitación de leer los rótulos, instrucciones, etc.

    B. Limitación de entender instrucción, conversación, etc. al oírla

    C. Limitación de compartir sus ideas y corazón a los demás

    D. Limitación de comunicar el Evangelio y consejo bíblico

V. Los <u>Peligros</u> Alrededor - El sentido agudizado de la protección personal atribuible a un conocimiento de que haya personas o circunstancias numerosas alrededor que podría causar daño personal o la pérdida de posesiones en cualquier momento (Sadrac, Mesac, Abed-nego - Daniel 1:1-21, 6:1-28, Pablo - II Corintios 1:8-11)

    A. El numero y condición de la gente en las calles

    B. El nivel de la protección personal que los ciudadanos suministran para sí mismos

    C. La falta de protección proveída por la policía y el gobierno

    D. La experiencia de un acto criminal contra uno mismo y otra persona

VI. Las <u>Tinieblas</u> del Pecado - El efecto espiritual y físico de las influencias constantes del pecado y las batallas espirituales (Lot - Génesis 19:1-29, Josúe - Génesis 39:1-21)

    A. Los pecados públicos - Sensualidad, Alcohólico, etc.

    B. La cuida de aquellos sufriendo por los pecados

    C. La carga de aquellos que no quiere arrepentirse del pecado

    D. Las religiones falsas

VII. Asistencia <u>Sanitaria</u> - La realización que la cuida médica no ofrece las soluciones mejores a los pacientes y sus enfermedad (Pablo y Silas - Hechos 16:22-40, La Mujer con el Flujo de Sangre - Marcos 5:25-34)
   A. La condición sanitaria de la oficina y facilidades
   B. La falta o edad del equipo en la oficina
   C. El consejo y cuida dados por las enfermeras y los médicos

VIII. Llevar la <u>Carga</u> Solo - La necesidad de trabajar en la obra sin otros ayudantes adecuados para levantar la carga de las responsabilidades espirituales ni físicas (Pablo - Hechos 17:15-34, Moisés - Números 11:1-17)
   A. La falta de otro misioneros y consejeros
   B. La falta de creyentes maduros y preparados para cumplir el ministerio
   C. La falta de gente capaz de mantener el ministerio físico

IX. Los <u>Conflictos</u> con los Colaboradores - Cuando haya diferencias de personalidad, práctica, doctrina, etc. con los colaboradores que causan tristeza y pena y que puede destruir el ánimo para cumplir la obra con fidelidad (Pablo y Bernabé - Hechos 15:36-41, Moisés, Aarón, y María - Números 12:1-15)
   A. Las diferentes puntas de vista de una situación o para el futuro
   B. Los entendimientos diferentes de doctrina y práctica
   C. La falta de las expectativas realizadas

X. Los <u>Sacrificios</u> Familiares - La carga de la realidad que las decisiones propias les afectan a toda la familia y que pueden causar mucho sufrimiento físico y pena de corazón (Job - Job 1:1-22, 42:10-17, Abraham - Génesis 22:1-14)
   A. La falta de familia y amistades por mudarse lejos
   B. La falta de las cosas materiales por sacrificar para la obra
   C. El rechazamiento de los de más por los hechos o dichos

XI. La Falta <u>Financiero</u> - Cuando por la falta de sostén adecuado para vivir cómodo o ministrar liberalmente un sentimiento de desanimo y duda pueda ser producido (Jesús - Juan 6:1-14, Pablo - Filipenses 4:15-20)
   A. La falta de 100 % del presupuesto
   B. El aumento del costo de vida
   C. Las emergencias económicas (la reparación del carro, casa, o mal salud)

XII. No <u>Descanso</u> para los Cansados - El agotamiento de cuerpo y alma por no tener tiempo personal intermedio de realizar las necesidades normales y las emergencias de la vida (Elías - I Reyes 18:7-19:4, Jesús y Sus Discípulos - Marcos 6:30-34)

    A. El trabajo físicamente y espiritualmente duro

    B. El trabajo frecuente y consistante

    C. El trabajo sin resultados inmediatos

XIII. La Falta de <u>Dirección</u> - El sentimiento de confusión por falta de dirección en el próximo paso de vida o como cumplir las ideas presentadas (Gedeón - Jueces 6:1-7:25, Pablo - Hechos 16:6-13)

    A. El deseo pero ningún idea en como mejoran al ministerio

    B. El deseo de empezar un ministerio especifico pero la falta de como hacerlo

XIV. La <u>Pena</u> del Rechazamiento - La tristeza de corazón por causa de ser excluido de aquellos alrededor o por tener una relación terminada contra la voluntad propia (David - Salmo 55:1-23, II Samuel 15:1-17, 31)

    A. El rechazamiento por la gente del pueblo por ser diferente

    B. El rechazamiento por causa de instrucción o confrontación

    C. El rechazamiento por causa de la influencia de maestros falsos

XV. La <u>Vanidad</u> del Labor - La sensación que todo el trabajo y sacrificio para ayudar una persona eran inútiles porque la persona no lo aplique para mejor su vida (Jeremías - Jeremías 20:7-12, Pablo - I Tesalonicenses 2:1-12, 3:1-13)

    A. La falta de la aplicación de la Palabra predicada

    B. El cambio de a doctrina o práctica errónea a después de instrucción dada

    C. El rechazamiento del amor después años de sacrifico para probarlo

XVI. La <u>Suciedad</u> - La preocupación que las condiciones alrededor son muy peligrosas y feas porque ellas son muy sucias (Jeremías - Jeremías 38:1-28, Jesús - Juan 13:1-17)

    A. La suciedad de las calles y casas

    B. La suciedad de las negocios y las oficinas

    C. La suciedad y olor de la gente

XVII. <u>Solito</u> en una Multitud - El pensamiento y sentimiento que uno es solo porque él es diferente y no conoce la multitud alrededor (Sadrac, Mesac, y Abed-nego - Daniel 3:1-30, Pedro - Mateo 26:69-75)

    A.   Las filas largas y grupos grandes sin un rostro familiar

    B.   Estar en publico con gente que hablen una idioma extraño

    C.   La supresa dada a uno cuando te ven por las características poco común

II Corintios 11:26-28

26 en caminos muchas veces;
en peligros de ríos,
peligros de ladrones,
peligros de los de mi nación,
peligros de los gentiles,
peligros en la ciudad,
peligros en el desierto,
peligros en el mar,
peligros entre falsos hermanos;
27 en trabajo y fatiga,
en muchos desvelos,
en hambre y sed,
en muchos ayunos,
en frío y en desnudez;
28 y además de otras cosas, lo que sobre mí se agolpa cada día,
la preocupación por todas las iglesias.

Los Viajes Misioneros

**La iglesia debe disfrutar
las oportunidades de enviar a sus miembros
para visitar al misionero
para conocer su ministerio mejor
y ayudar personalmente en la obra.**

Filipenses 2:25
*25 Mas tuve por necesario enviaros a Epafrodito,
mi hermano y colaborador y compañero de milicia,
vuestro mensajero, y ministrador de mis necesidades;*

I.   El viaje por el liderazgo espiritual de la iglesia (Hechos 8:14-17, 25)
   A.   Los participantes en el viaje (14)
      1.   Líderes espirituales (Pedro y Juan)
        *Ellos estaban enviados por los otros apóstoles en Jerusalén
   B.   Los propósitos del viaje (15-17, 25)
      1.   Para verificar el ministerio
      2.   Para confirmar el ministerio
      3.   Para participar en el ministerio

II.   El viaje por los miembros de la iglesia (Filipenses 2:25-30, 4:18)
   A.   Los participantes tienen que servir a ... (25)
      1.   El misionero como
        a.   Hermanos
        b.   Colaboradores
        c.   Compañeros
      2.   La iglesia como
        a.   Mensajeros
          "4:18 ... habiendo recibido de Epafrodito lo que enviasteis; ..."
        b.   Ministrador (de parte de la iglesia)
          "2:30 ... exponiendo su vida para suplir lo que faltaba en vuestro servicio por mí."

B. Los participantes tienen que aceptar el <u>sacrificio</u> de estar lejos de sus amados (26)

C. Los participantes tienen que reconocer el <u>peligro</u> (26b-27, 30)
   1. La enfermedad (26a)
   2. La muerte (27a, 30)
   *Ellos tienen que depender en la protección de Dios
   "4:27 ... pero Dios tuvo misericordia de él, y no solamente de él, sino también de mí, para que yo no tuviese tristeza sobre tristeza."

D. Los participantes tienen que regresar a su <u>iglesia</u> principal (28)

E. Los participantes deben recibir <u>reconocimiento</u> para su buen trabajo (29)
   "4:29 Recibidle, pues, en el Señor, con todo gozo, y tened en estima a los que son como él;"

Los Propósitos del Viaje Misionero

I.   Evangelizar a los incrédulos
    A.   Mateo 28:18-20
    B.   II Corintios 5:17-20

II.   Edificar a los creyentes
    *El misionero
    *Los creyentes del país
    A.   Hechos 15:36, 41
    B.   Filipenses 2:25-30, 4:15-19
    C.   II Timoteo 4:9-13
    D.   Tito 3:12

III. Reconocer las necesidades personales
    A.   Crecimiento en el presente
        I.   Romanos 8:28-30
        II.   Romanos 12:1-2
    B.   Consideraciones por el futuro
        I.   Mateo 5:14-16
        II.   II Corintio 4:1-7

LA PREPARACIÓN PARA EL VIAJE MISIONERO

I. Los miembros del equipo
   A. La <u>edad</u> del equipo
      1. La edad puede ser diferente por cada viaje
      2. La edad afecta la obra que puede realizar
      3. La edad determina cuantos líderes son necesarios
   B. Las <u>calificaciones</u> del equipo
      1. De <u>madurez</u>
         a. Espiritual
           (1) Asistir los cultos regularmente
           (2) Participar en el evangelismo y los ministerios
           (3) Practicar devociones personales
         b. Física
           (1) Suficiente seriedad por el viaje y el labor
           (2) Suficiente salud por el viaje y el labor
      2. De <u>testimonio</u>
        *II Corintios 6:1-10
         a. En privado - delante los creyentes
         b. En público - delante los incrédulos
      3. De <u>trabajo</u>
         a. Siervo
         b. Animado
         c. Diligente
         d. Flexible
         e. Experimentado
      4. De <u>habilidad</u> verdadera
         a. Por el interés sincero
         b. Por el tiempo disponible
         c. Por los fondos necesarios
      5. De la <u>voluntad</u> de Dios
         a. Por el interés en cumplir la Palabra de Dios
         b. Por el tiempo en oración
         c. Por consejo de los otros creyentes
         d. Por la provisión de Dios para cada detalle

C.   El <u>tamaño</u> del equipo
1.   Depende del numero que el misionero puede <u>recibir</u>
2.   Depende en el tipo y cantidad del <u>trabajo</u> tratando de realizar
3.   Depende del tipo y precio de los <u>vehículos</u> disponibles
4.   Depende de las <u>facilidades</u> para la vivienda (camas, baños, cocina, etc.)
5.   Depende del <u>liderazgo</u> disponible (por los grupos de jóvenes)

II.   El tiempo para el viaje
A.   Depende en el <u>horario</u> del misionario y su ministerio
1.   Por el tiempo de llegar e ir considerar la distancia del aeropuerto a al vivienda
2.   Por el tiempo de llegar e ir considerar las mejor opciones por el misionero y su familia
B.   Depende en los <u>eventos</u> y el <u>clima</u> del país
C.   Depende en la <u>disponibilidad</u> de los participantes (escuela, trabajo, etc.)

III.   La organización del viaje
A.   El <u>tiempo</u> para prepararse
1.   <u>Empieza</u> inmediatamente cuando la oportunidad se presenta
a.   Para comunicarse con diferentes misioneros
b.   Para investigar los detalles (transportación, vivienda, costo, etc.)
c.   Para planear los obras para realizar
d.   Para proveer el tiempo necesario para cada participante
2.   <u>Esperar</u> suficientemente para ver la mano de Dios en el proceso
B.   Los <u>contactos</u> necesario por el viaje
1.   Comunicarse con los <u>líderes</u> espirituales (pastor, padres, etc.)
2.   Comunicarse con los <u>misioneros</u>
3.   Comunicarse con los <u>negocios</u> de transportación
4.   Comunicarse con los <u>apoyadores</u>
*Enviar cartas con suficiente tiempo para que los apoyadores pueden hacer preguntas y ofrecer su ayuda.
*Comunicar los resultados del ministerio por una carta para decir que gracias a los apoyadores.
a.   El ministerio organizados del viaje
b.   El propósito del viaje
c.   Las fechas del viaje

      d.   El país, ministerio, y misionero incluido en el viaje

      e.   Los fondos necesarios para el viaje

      f.   Las peticiones por el viaje

C. La determinación del <u>costo</u> del viaje

    1. Determinar el costo del <u>viaje</u> al país

    2. Determinar el costo de la <u>transportación</u> en el país

    3. Determinar el costo de la <u>vivienda</u>

    4. Determinar el costo de las <u>comidas</u> (algunos en el lugar y algunos en las restaurantes)

    5. Determinar el costo de las <u>materiales</u> para realizar la obra

    6. Determinar el costo de los eventos <u>turísticos</u>

    7. Determinar el costo que el <u>misionero</u> tendrá que cubrir para participar en sus planes

    8. Determinar una ofrenda para <u>ayudar</u> al misionario y el ministerio

D. La planificación de los <u>eventos</u> del viaje

    1. Planear las fechas y las horas de <u>llegada</u> y salida

    2. Planear el tiempo de los <u>servicios</u> y <u>ministerios</u>

      a.   Los cultos

      b.   El evangelismo

      c.   La construcción

    3. Planear el tiempo necesario para las <u>comidas</u>, <u>descanso</u>, etc.

    4. Planear el tiempo para los <u>devocionales</u> personales y <u>reuniones</u> del equipo

    5. Planear el tiempo para <u>diversión</u> (compañerismo, turismo, etc.)

!SER FLEXIBLE para los cambios de su planificación!

E. La planificación de las <u>necesidades</u>

    1. Para las <u>comidas</u>

      a.   Hacer un horario para cada día

      b.   Hacer una lista de las ingredientes para las comidas
          *Comunicar con el misionero sobre lo que esta disponible y razonable en el precio

      c.   Hacer una lista de las necesidades de la cocina
          *Comunicarse con el misiono para verificar los que están disponible

2. Por los <u>ministerios</u>
    a. Hacer una lista de los ministerios específicos
        (1) Los sermones/estudios
        (2) Los tratados
        (3) Las manualidades
    b. Hacer una lista de los proyectos físicos
        (1) Las materiales
        (2) Las herramientas
F. Los <u>documentos</u> por el viaje
    1. Los documentos <u>legales</u>
        a. Pasaportes
        b. Certificado de nacimiento
        c. Licencia de chofer
    2. Las <u>copias</u> de identificación y tarjeta de crédito tomadas (para guardar en casa para las emergencias)
    3. La hoja de <u>emergencia</u>
        a. Nombres de los contactos en las emergencias (padres, pastor, etc.)
        b. Números telefónicos de los contactos
    4. Las hojas <u>medicas</u>
        a. Permiso por cuidado médico (para los miembros menos de 18 años)
        b. Descripción de los medicamentos y condiciones físicas

IV. Será una bendición en el viaje
    A. Ser <u>cortés</u> sobre el cronometraje y duración del tiempo para el viaje.
    B. Estar en <u>comunicación</u> continuamente sobre el viaje y unir los detalles cuando hagas los planes.
        1. Verbal - por las llamadas telefónicas de aclarar los detalles
        2. Escrito - por correspondencia escrita (el correo electrónico) documentar los planes finales
    C. Ser <u>confidencial</u> en la información que el misionero te comparte sobre su país y ministerio.
        *El misionero tiene experiencia personal y una perspectiva como un residente que un visita nunca puede tener.
    D. Ser <u>semejante</u> de Cristo
        1. Ser un siervo (Juan 17:1-17, Lucas 17:7-10)
            a. Estar disponible

        b.   Ser paciente

        c.   Ser flexible

        d.   Ser un hacedor (trabajador)

        e.   Ser humilde

   2.   Ser circunspecto

        a.   En las palabras

        b.   En la conducta

        c.   En la apariencia

E.   Ser conciente de los gastos adicionales para el misionero.

   1.   Las preparaciones para tu llegada

   2.   La transportación para llevarte a las diferentes destinaciones

   3.   Las comidas afuera la casa adicionales contigo en los viajas

   4.   Los boletos adicionales, cuotas de ingreso, etcétera, para mostrarte el país

F.   Ser limpio

   1.   Limpiar antes todos los servicios o eventos

   2.   Limpiar antes que tú vayas

   3.   Limpiar todos los equipos, herramientas, utensilios de cocina, etc.

G.   Estar preocupado por la familia entera.

   1.   Pasar tiempo en compañerismo con la esposa

   2.   Jugar con los niños

   3.   Incluir la familia en las actividades

   4.   Disculpar a cualquier miembro de la familia que no puedan reunirse contigo en las actividades

UN HORARIO POR LA PLANIFICACIÓN DEL VIAJE MISIONERO

La planificación buena ayudará asegurar un buen viaje. La comunicación y planificación de los detalles del viaje son la primera impresión para que el misionero sepa si el viaje será una bendición o una carga. Las siguientes sugestiones podrían variar dependiendo en las necesidades específicas viajes, pero si son seguidos, suministrarán la seguridad y la tranquilidad para todos incluidos.

✦ 9-6 meses antes que el viaje
- ❏ Comunicarse con los líderes de la iglesia sobre el interés de hacer un viaje.
- ❏ Comunicarse con los misioneros potenciales sobre sus necesidades e interés en tener una visita.
- ❏ Confirmar el misionero que Dios está dirigiendote a visitar y empezar a planear algunos detalles generales.
  - ✓ El tiempo general del año
  - ✓ Los propósitos principales por el viaje
  - ✓ El número de participantes en el viaje

✦ 6 meses antes que el viaje
- ❏ Presentar una invitación general a aquellos que tienen un interés en participar en el viaje.
- ❏ Tener una reunión para compartir los planes generales e investigar el interés verdadero y la disponibilidad.

✦ 4-6 meses antes que el viaje
- ❏ Investigar los gastos por el viaje y empezar a establecer un presupuesto (usar el número de personas individuales realísticamente interesadas).
  - ✓ La transportación para llegar al y regresar del campo
  - ✓ La transportación mientras que está en el campo
  - ✓ La vivienda
  - ✓ La comida
  - ✓ Los ministerios
  - ✓ Los imprevistos y actividades especiales (turismo)

- ❏ Investigar la documentación legal que cada miembro de equipo tiene que tener.
  - ✓ Pasaporte
  - ✓ Licencia de conducir
  - ✓ Identificación con foto
  - ✓ Certificación de nacimiento
- ❏ Convocar una segunda reunión para compartir el presupuesto aproximadamente, las fechas aproximadamente y los requisitos del viaje.

✦ 3 meses antes que el viaje
- ❏ Convocar una tercera reunión para confirmar el equipo y empezar la planificación general de los papeles y las responsabilidades de cada persona.
  - ✓ Llama las reuniones periódicas para animar el equipo y contestar las preguntas y preocupaciones
- ❏ Comunícarse con el misionero para finalizar el cronometraje del viaje con las consideraciones de los programas de los métodos de transporte (programas de los aviones, etc.).
- ❏ Animar a los miembros del equipo que envíen sus cartas a sus apoyadores y coleccionen sus fondos.

✦ 2 meses antes que el viaje
- ❏ Convocar las reuniones semanales para todos aquellos que están participando en el viaje.
  - ✓ Empezar a hablar y tener el equipo investigar sobre el país, ciudad, y misionero que estarán visitando
  - ✓ Empezar a estudiar un libro o estudio Bíblico como grupo con el propósito de que una unión espiritual se desarrollará.
  - ✓ Empezar a preparar cualquieras materiales necesarios para los ministeriales oportunidades en el viaje (las canciones, los testimonios, la ayuda de niños, etc.).
- ❏ Comunícarse con el misionero para confirmar y aclarar cualquier detalles
  - ✓ Confirmar toda la transportación y vivienda.
  - ✓ Confirmar todos los ministerios y proyectos en que el equipo estará participando y hablar de los suministros necesarios para cada oportunidad.

    *Empezar de recoger y comprar cualquier suministro que el equipo puede traer para ayudar al misionero.

✓ Suministrar al misionero con la carta detallada para las comidas para que él pueda examinarlo y comunicar cualquier incumbencias.

✦ 1 mes antes que el viaje
❏ Enviar una copia escrita de los detalles hablados al misionero vía el correo electrónico con el propósito que hay registros escritos para consultar en cualquier momento.
❏ Empezar la comunicación frecuente con el misionero para cualquier cambio que puede aparecer o los detalles que pueden necesitar ser verificados.
❏ Ultimar las comidas.
❏ Ultimar el programa.
❏ Verificar que todos materiales necesitados estén presentes.
  ✓ Tratados
  ✓ Materiales para los niños
  ✓ Música
  ✓ Herramientas
❏ Recoger todos formularios y autorizaciones
  ✓ El permiso de viajar
  ✓ El permiso médico
  ✓ Las copias de identificación y tarjetas de crédito (para ser dejado en un lugar seguro por causa de una emergencia)
  ✓ La información médica y de emergencia por cada miembro
❏ Asegurar que cada miembro del equipo tenga su documentación legal necesarias para viajar.
  ✓ Pasaporte
  ✓ Licencia de conducir
  ✓ Identificación con foto
  ✓ Certificación de nacimiento
❏ Confirmar toda la transportación y las reservaciones para la vivienda
  ✓ Los boletos de avión
  ✓ La renta de vehículo
  ✓ Los cuartos en hotel/iglesia

✦ 2 semanas antes que el viaje
- ❏ Chequear de nuevo con el misionero para cualquier cambio del último minuto y verificar que todo está cuajando de su lado.
- ❏ Chenquear de nuevo que todas materiales para los ministerios están presentes
- ❏ Empezar a ayudar los miembros del equipo prepararse por el embalaje, proveyendo una lista de embalaje general (poder variar dependiendo del país que tú estás visitando)

✦ 1 semana antes que el viaje
- ❏ Hacer una práctica final y repaso de todos los ministerios en que el grupo va a participar.
- ❏ Relajar sí has quedado en el horario.
- ❏ Empezar de sentir el pánico sí no has realizado el horario.

✦ 1-2 semanas después que el viaje
- ❏ Tener tus miembros del equipo enviar cartas de acción de gracias a cada uno de sus apoyadores para compartir sus experiencias en como Dios trabajaba durante el viaje y en su vida.
- ❏ Sí la oportunidad es dada, presentar un testimonio público sobre tu viaje y como Dios lo usó en tu vida.

www.ingramcontent.com/pod-product-compliance
Lightning Source LLC
Chambersburg PA
CBHW081631040426
42449CB00014B/3259